本书系全国教育科学"十一五"规划课题
"普通高中美术特色校本课程品质提升的行动研究"成果

厚文养正 以美立教
南京市宁海中学美术特色校本课程研究

主编
黄文武

副主编
李宏伟 唐文勇
刘宏业 吴 翦

顾问
陆长根 徐 明

南京师范大学出版社
NANJING NORMAL UNIVERSITY PRESS

图书在版编目(CIP)数据

厚文养正　以美立教：南京市宁海中学美术特色校本课程研究／黄文武主编．— 南京：南京师范大学出版社，2015.12

ISBN 978-7-5651-2412-9

Ⅰ.①厚…　Ⅱ.①黄…　Ⅲ.①美术课－教学研究－中学　Ⅳ.①G633.955.2

中国版本图书馆CIP数据核字(2015)第264677号

书　　名	厚文养正　以美立教——南京市宁海中学美术特色校本课程研究
主　　编	黄文武
副 主 编	李宏伟　唐文勇　刘宏业　吴　蒴
责任编辑	仝玉林
出版发行	南京师范大学出版社
地　　址	江苏省南京市宁海路122号(邮编：210097)
电　　话	(025)83598919(总编办)　83598412(营销部)　83598297(邮购部)
网　　址	http://www.njnup.com
电子信箱	nspzbb@163.com
照　　排	南京南琳图文制作有限公司
印　　刷	镇江中山印务有限公司
开　　本	787毫米×960毫米　1/16
印　　张	15.25
字　　数	249千
版　　次	2015年12月第1版　2015年12月第1次印刷
书　　号	ISBN 978-7-5651-2412-9
定　　价	39.00元
出 版 人	彭志斌

南京师大版图书若有印装问题请与销售商调换

版权所有　侵犯必究

序 一

欣闻宁海中学文集将成,高兴不已。受校方盛邀,请我作序,我却惶惶不安,年事已高,且离开美术教育一线多年,不知该从何谈起。然而在与校方交流,读完书稿中的文章后,心中倒觉得有些话想和志趣相投并在美术教育道路上奋力探索、踟蹰前行的教育同行们说一说。

有人类活动记载以来就有美的历史,人类对美的赏析、感悟和创造美的能力,使得人类的文明活动丰富起来,并衍生到哲学。每个民族、每段历史时期都有他们独特的美的哲学,中华民族也不例外。

现今教育从提出德智体美劳多方面素质教育开始,美的教育的地位应该是在逐步提高的。但和其他文化教育课程相比,它依然处于较薄弱的地位。人们对美的教育有时还停留在艺术考试可以弥补文化考试弱项的程度。这其实是种误区。你能说晋唐人的字迹墨痕不是一种风骨吗?你能说残瓦碎陶上没有一个民族的热爱吗?你能说敦煌石窟中佛像的庄严不是一种民族文化的展现吗?

美术教育生于我们日常生活,长于民族发展的大脉络中。形成正确的美的观念,人自然会区分善恶是非。从中学教育中明确美术教育的意义与价值,是我们教育工作者的职责与骄傲。让我们的后代,从美术教育中汲取中华文明和世界文明的精髓,从小用善良和正直的心态面对未来不可知的世界,在时代发展的洪流中保持真善美的人性才是流芳万古的文明血脉。

南京市宁海中学的美术教育在数十年间,始终坚守以素质教育为前提的美术特色发展,坚持遵循学生成长规律与审美情趣能力提升相结合,坚持用正确的美的观念培养人、用正确的价值观引导学生成长,为国家培养了大批高素质的优秀艺术人才。《厚文养正 以美立教——南京市宁海中学美术特色校本课程研究》会更好地促进宁海中学美术教育品质提升,会给中学美术教育带来更多的借鉴与思考。

老朽之身,质朴童心,我用对美术教育的热爱,祝愿宁海中学在"文正"文化脉络的基础上发扬光大,树立正气,识别美善。祝宁海中学美的教育更上一层楼!

2015 年 9 月于随园

(作者系南京师范大学美术学院教授、《中国美术教育》原主编)

序 二

　　黄文武校长约我给即将付梓的《厚文养正　以美立教——南京市宁海中学美术特色校本课程研究》一书作序,在倍感荣幸的同时,我深感力不从心。从学校领导岗位退下来之后,忙于琐事,疏于动笔,加之近来身体欠佳,无法静心思考,恐写得不到位,让作品蒙羞。现在能写这篇序言,主要是学校领导班子为人做事的盛情和执着深深打动了我,宁海中学近年来教育教学的发展成果深深震撼了我。

　　宁海中学的校史可上溯到1890年著名实业家张謇先生创办的文正书院。与历史悠久的宁海校史相比,30年的宁海美术班历程可谓沧海一粟,微不足道。但站在新的历史时期回望那一段历程,足以令人感慨,足以令人自豪。提到宁海美术创班30年,人们喜欢用"创业维艰,筚路蓝缕"来描述这一充实而艰辛的过程,但这样的词语只是概念化的。作为曾经宁海中学的校长,我很幸运地成为宁海中学美术班创办的发起者、参与者。创办美术班完全出于学校的进一步发展考虑,更多地考虑如何为孩子提供更多、更好的成长路径。其间,经与南京艺术学院、南京师范大学等美术教授交流,专家们为学校的诚意所打动,欣然应允,先开办一个美术班作为试点,直接由高校安排专门教师授课,教学计划也由他们构想落实,这样保证美术特色班从创办之初,就起点高,路子正,为后续发展打下了坚实的基础。

　　随着时间的推移,宁海中学美术班健康有序成长着。作为学校领导,我们深深地懂得,要让这株幼苗茁壮成长,必须提高自身的"造血"功能。为此,我们与一线教师一起想办法,出点子,加快培养本土师资,科学制订自己的教学计划,努力形成自己的教学特色……让我欣慰的是,宁海中学美术班这一星星之火,在短短的几年内,竟成燎原之势,发展成为学校的一项特色项目。

教育发展的历史启示我们,作为一项特色课程,仅仅停留在满足功利需求的层面,是行之不远的。特别是作为艺术的重要门类之一,美术课程与人的成长密切相关。美育作为教育追求的最高境界,其实施过程岂是用培养多少个美术专业本科生来衡量的?蔡元培先生曾提出用美育代宗教,足见美育在教育中的崇高地位。让人欣喜的是,宁海中学的美术特色没有停留在"美术教育"本身,而是不断回归美术教育的本真,结合时代的发展需求,向"艺术教育""美育"方向攀登,努力在全校范围内形成浓浓的"美育"氛围,让师生徜徉在"美"的校园中,享受教育带给他们的幸福和快乐。

现在,百年宁海又站在新一轮教育发展改革的起跑线上,如何让这一古老悠久的历史名校焕发年轻的活力,新的领导团队已有新的构想。"厚文养正 以美立教"的办学理念已逐步深入人心,成为全校上下的共识。我想,这本书仅是宁海中学美术特色校本课程研究的阶段性成果,站在新的历史时期,站在下一个美术创班 30 年的门口,我们期待新的成果。

是为序。

2015 年 9 月

(作者系南京市宁海中学原校长)

目 录

序 一 ……………………………………………… 陈通顺（001）
序 二 ……………………………………………… 丁善良（003）

◎ 理念之美

　　"文正"精神的追索 ……………………………… 郭其俊（003）
　　"美的教育"之追求 ……………………………… 黄文武（007）
　　以美的教育追求人的价值实现 …………………… 李宏伟（017）
　　美术校本课程管理的几个理论问题 ……………… 唐文勇（025）
　　美术校本课程品质之提升 ………………………… 刘宏业（032）
　　美术校本课程评价之研究——以美术欣赏课评价为例
　　………………………………………………………… 徐　明（039）

◎ 课程之美

　　美术校本课程的实践探索 ………………………… 唐文勇（051）
　　美术教学中的问题超前设置与生成 ……………… 陆长根（060）
　　主题性鉴赏教学中的学生活动设计 ……………… 陆长根（068）
　　"欣赏·评述"教学中的审美问题——解析《蒙娜丽莎》之美
　　………………………………………………………… 鲁　玉（076）
　　美术作品之"意象""抽象"的认知与理解 ………… 鲁　玉（081）
　　"徽派民居"在纤维艺术设计中的抽象表现 ……… 阎　洁（087）
　　用色彩与形式表达内在的声音——浅析绘画的内在需求原则
　　………………………………………………………… 艾　然（094）
　　美术教学必须关注的几个问题 …………………… 吴　蒻（101）

◎ 管理之美

　　优化美术特色班教学管理　提升美术教学品质 ………… 朱　云（107）

优化教师专业发展　提升美术教育品质 …………… 刘宏业(112)
"美的教育"在美术特色班学生管理中的实践探索 ……… 安文琳(119)

◎ 学科之美

画中的历史　历史中的画 …………………………… 陈　红(127)
走进美丽课堂　感受诗意人生
　　——菊菊老师《走近山水、走近文化》教学赏析 …… 郭亚琴(137)
营造思想政治课堂之美 ………………………………… 陈振兵(142)
畅享诗歌想象之美 ……………………………………… 程兆云(146)
发现数学之美 …………………………………………… 张　进(151)
体验化学之美 …………………………………………… 李志飞(157)
品味信息之美 …………………………………………… 夏　明(163)
赏析自然地理之美 ……………………………………… 何　铮(167)

◎ 附　录

⊙ 校本课程

美术校本课程目标及体系 ………………………………… (173)
美术校本课程教学标准 …………………………………… (175)
美术校本课程教材 ………………………………………… (179)

⊙ 特色活动

专家引领 …………………………………………………… (182)
专题研讨 …………………………………………………… (187)
品质活动 …………………………………………………… (190)

⊙ 学生成长

硕果累累 …………………………………………………… (201)
感恩母校 …………………………………………………… (204)

⊙ 社会美誉

荣誉奖励 …………………………………………………… (216)
对外辐射 …………………………………………………… (219)
媒体宣传 …………………………………………………… (224)

后　记 ……………………………………………… 黄文武(235)

◎理念之美

"文正"精神的追索

每所学校在历史发展过程中都有丰富的文化积淀,这是一种重要的、不可再生的教育资源。只有站在传承的立场上,才能站得更高、看得更远,才能创造真正的校园之美。而学校历史文化之根,同时也是学校精神生长的基点,值得我们认真去追索。

一、寻根溯源

南京市宁海中学是一所百年老校,它的历史可以上溯到1890年张謇先生创办的"文正书院"。值得我们探索的是张謇先生为什么要创办书院?又为什么要把书院取名为"文正书院"?从中也许能找到学校的精神之源。翻阅张謇的生平可以发现:张謇甲午中了状元之后,适逢中日海战之败,他深受刺激,翌年便加入上海强学会,明确主张废科举并创建学校,认为"求国之强,当先教育"。他把中日海战的失败归因于教育。后来他兴办实业,开纱厂时,又进而认识到"有实业而无教育,则业不昌"。他把当时中国实业不昌盛也归因于教育,甚至把生产的纱布取名为"雪耻布"。

张謇先生为什么要把书院取名为"文正书院"呢?研究中国古代的谥法我们发现,在中国的历史上,宋代以后有一个很奇特的现象,文人做官后,梦寐以求地想得到一个谥号——文正。而作为统治者的皇帝,是不肯轻易地把这个谥号赐人的。在历史上,能得到"文正"这个谥号的人,大多都是当时文人敬仰的对象。谥号就是皇帝或名臣死了以后,后来的或健在的统治者给他们的一个尊号。谥法上明确写道:"经天纬地曰文,道德博闻曰文,内外宾服曰正……"

唐朝的时候,魏征等人得到了"文贞"的谥号。到北宋宋仁宗的时候,因为宋仁宗叫赵祯，为了避讳，"文贞"才改为"文正"。到了一个名为夏竦的大臣被拟定要谥为"文正"的时候，司马光第一次提出："不可，'文正'是谥之极美，无以复加。"司马光认为，"文"是道德博闻，"正"是靖共其位，是文人道德的极至，经过他的宣扬，"文正"从此以后被认为是人臣极美的谥号。范仲淹和曾国藩是历史上得到"文正"谥号的比较著名的两个人物。他们的"先忧后乐"和"永不言弃"的精神也为"文正"增添了个性化的注脚。所以"文正"乃中国宋代以后士大夫们的主流精神。

那么，张謇先生在中日海战失败那个特殊的背景下把书院取名为"文正书院"，就仅仅是要弘扬"通过慈惠爱民地为政、学勤好问地钻研，达到道德博闻的修养、学问与见识和内外宾服的言行"吗？作为一代大儒，张謇先生一定通晓文天祥的诗《正气歌》。诗云："天地有正气，杂然赋流形。下则为河岳，上则为日星。于人曰浩然，沛乎塞苍冥。皇路当清夷，含和吐明庭。时穷节乃见，一一垂丹青。"所以，张謇先生创办文正书院本意在于"取文之魅力：为混沌的心灵传播文明"和"取正之威力：为弯曲的脊梁建树挺拔"的结合。用现代形式的表达应为"文"与"正"之间加一点，以表示它们的结合。有了这样一种认识，我们就能理解民国初年，国民政府把"文正书院"与"江苏省第四师范学校"合并为"江苏省立南京中学"，并使其地点位于外国使馆区，位居江苏省立四大名校之首的用意。但这里的热血青年却最早扛起了抗日救亡的旗帜，喊出了推翻国民党反动政府的口号，后来中学部在迁至镇江后被国民党解散并被日军炸毁。"文革"期间，宁海中学的师生主动要求下放，去接受贫下中农的再教育。

绵长的校史之所以让人心动，不仅在于点滴的历史典故与名人琐碎的求学追忆，更在于它营造了一种文化、一种传统，有时甚至是某种暗合。回顾历史上的"贞观之治"，整个社会经济和文化都得到较好发展，出现了"路不拾遗，夜不闭户"的良好社会风气，创造了君主时代最文明的政治环境，最融洽的君臣关系。贞观时代，中国具有崇高的国际地位。从唐太宗开始，唐代皇帝被周边民族推为"天可汗"。这段时间虽然不长，但在我国历史长河中的地位却极其重要。这是因为贞观时代，制度建设卓有成效，法制观念突出，不仅奠定了唐朝三百年的制度基业，也为此后一千多年的中国树立了楷模。"贞"就是"正"，"贞观之治"就是张謇先生要求我们追求的理想境界。

二、"文正"释义

"文正"是宁海中学文化之根、精神之源。文正明道——才德兼备;宁海流风——文治教化。吸引与教育学生,"修文德以来之","既来之,则安之"。以"文"育之,以"正"德之。教之以文化,道之以德正。文:"格物、致知"。即物穷理,为人行事做学问,决不糊涂。能穷究事物的原理法则而总结为理性知识并形成能力,进而报效祖国、服务社会。正:"修身、养性"。提高自身综合素养,培育自身人文情怀。"淡泊以明志,宁静以致远"。宁海中学坚守的道德修养忌"躁心浮气,浅衷狭量",提倡"海纳百川"的胸怀,"正"的深层追求是齐家、治国、安天下。

三、美好愿景

诚然,"文正"是宋代以来士大夫的主流价值。但是展读宋代的历史,一是喜,喜其文化思想、文学艺术充溢人文主义精神,科学工艺蓬勃发达;二是忧,忧其彻底暴露了以小农经济为基础的河洛文明,辉煌了数千年之后,终于江郎才尽,走上衰亡之路。再就是南宋灭亡后,当草原文明的蒙古族入主中原后,在宋代尽得风流的儒生群体竟被视为劣等社会阶层,其社会地位倒数第二,仅优于为人不齿的乞丐群体,真是对儒道、儒教、儒家传统的莫大羞辱!所以,在所有高贵的精神中,有一种是最重要的,它就是勇敢和正直。但有些时候,"正"与"文"却比它更为重要,因为一个"自强不息、富贵不淫、贫贱不移、威武不屈"的性格必然会带来一种自主探究、不断进取的精神,这种精神决定着一个人奋发有为的命运。

今天,走过百年的宁海中学,在这片神圣的土地上,以独具特色的魅力立于时代的潮头。从确立以"宁静致远、海纳百川"为校魂时起,宁海的梦想又随"百年名校文化系统提升工程"再度飞扬。"宁静致远、海纳百川",是心静坦然的大气度,是包容万物的大胸襟,是精深悠远的大智慧,是博大高旷的大境界。它呼唤我们行动起来,使学校的一切工作都以示范为基本特征和领先标志,以特色为基本取向和发展动力,努力用美的教育,培养德智体美全面发展的创新人才。宁海将永远以"文正"为精神,以"育人"为目标,以

"宁海教育——卓尔不群"为追求,在推动社会发展的同时,也全心缔造宁海的美好愿景——"做江苏一流中学、创华夏品牌学校"。

(郭其俊)

"美的教育"之追求

作为一所百年名校,宁海中学办学100多年来,培养出汪道涵、舒强、张卓娅、卞留念等一批杰出的政治家、科学家、文学家、艺术家、教育家以及数千万计的各级各类人才,为中华民族的振兴与发展做出了积极的贡献。2000年以来特别是近年来,学校秉持"美的教育"——"厚文养正,以美立教"的办学理念,坚持特色强校,成为全国著名美术教育特色学校,不仅是清华大学美术学院生源基地、南京师范大学美术学院教学实践基地、北京服装学院优秀生源基地,而且是江苏省首批唯一的美术教育课程基地。学校美术教育取得喜人成绩,"基于美术教育的研究"获江苏省首届基础教育教学成果一等奖。2000年以来,先后培养了30多名优秀清华学子,为全国一流美术院校培养了数以千计的优秀学生。学校连续9年荣获南京市高中教学绩效评估最高奖——综合奖和办学特色奖。2014届高考文化类二本达线152人(参加考试217人),美术公办本科上线312人,被国内外大学提前录取24人。2015年美术省统考100%过关,包揽全省前四名,均分居全省第一,有30名同学被清华大学、中央美术学院和中国美术学院录取,比2014届增加10人。文化班二本达线169人(参加考试235人),其中余其兴同学以392分的高分荣获南京市鼓楼区文科状元,位列全省第100名。美术班335名学生100%达公办本科线。文化、美术实现了"三年三大步,步步创辉煌"的目标。

一、"美的教育"的提出

宁海中学发展至今,在教育发展的时代背景下,对学校发展历程不断总结、反思的基础上,将办学理念提升、凝练为"美的教育"。

1. 基于宁海中学百年历史的传统

"文正书院"不仅是学校的历史源头,也是学校的文化源头。"文正"典出《荀子·王制篇》:"积文学,正身形","文为才,正为经"。按古人说法,"经天纬地为文,博文多见为文,敏而好学为文;清正守法为正,守道不移为正,诚心格非为正"。"文正书院"名以"文正",意谓此地为个体长学问、学做人的内外兼修之场所。宁海中学在其历史源头上就既重文,也重德,强调人的完美发展。学校百年发展,弦歌不绝。我国近代著名实业家、教育家张謇在主持文正书院期间,倡导经世致用,激励学生自觉担负起挽救民族危亡的社会责任。抗战期间,办学者本着"良师救国"的宗旨,艰苦育人。新中国成立以后,宁海中学以培养德智体美全面发展的人才为目标,为社会输送了一批又一批德才兼备的人才。"积文学,正身形",其价值之取向指向的正是"美的教育",盖文学为美,身形端正亦为美。"美"是学校的文化源头,也是学校的发展轨迹和办学成果。

应该说,从源头上的文正书院发展到现在的宁海中学,"美"是永恒的、不懈的追求,因此,实施"美的教育",培养学生各方面的基本素养,为其今后向完美之人发展打下坚实的基础,是宁海中学历史发展的必然选择。

此外,学校地处南京最具历史文化色彩的清幽、宁静、雅致的民国建筑群附近,与南京大学、南京师范大学等名校比邻。校园建筑具有民国特色,无处不彰显文化的痕迹,呈现"美"的特色与"美"的内涵。

2. 立足学校 30 多年来"美的教育"实践

历经多年的沿革,美育特色已成为宁海中学的一个办学亮点,也是宁海中学"美的教育"办学理念形成的重要基础。学校达 30 年的"美育"经历了三个阶段。

第一阶段:美术教育

美术特色班一直是宁海中学的亮点。从 1986 年到 2000 年,一直维持两个美术班的规模。学生来自于不同类型的学校,当时师资主要依托于周边高校的美术教师。2000 年以后,进入到一个上升期,每年都有 2~4 个学生考入清华美院。宁海中学美术特色班教育喜人成绩的获得,归功于宁海人对学校特色的合理定位,更归功于宁海人的积极探索与付出。在特色班教学中,老师结合学生实际情况,合理安排相关内容的学习顺序与进程,自编美术教材,进行美术校本课程建设,目前已有供美术班教学使用的较成熟的美术校本教材,还开设《中西美术鉴赏》等学校课程,开发了宏村、查济等写生基地,开拓了学生视野,有效提高了学生艺术手法和欣赏素养。

第二阶段:艺术教育

这一阶段主要以原有的美术特色班为基础,强化课程建设,大力开发艺术特色课程。形成了从最基础层面面向全校学生的艺术欣赏美育熏陶课程,到中间层面面向具有美术兴趣的学生开设的美术入门课程,再到最高层面面向美术特长生的由书画名家指导的美术创新课程的金字塔形美术特色课程体系。一方面,针对不同层次学生的不同艺术素养要求对其进行艺术教育;另一方面,鼓励积极挖掘学科中的艺术要素,在学科教学中渗透艺术特色。

第三阶段:审美教育

在美术特色成为宁海中学的一张名片的同时,宁海中学作为一所普通中学,着眼于全体学生的全面发展,既注重提高美术生的专业素养,也注重文化班学生审美素养的养成与提升;以美育人,既让全体学生全面发展都具备艺术的基本素养,又让每个学生在美的熏陶中净化心灵、养成品格,止于至善、至真,俾使其各方面的潜质得到最大限度的发挥,真正成为他自己。近年来,宁海中学以审美教育为载体,充分挖掘教育中所蕴含的美的因素,面向全体学生,将美育渗透到学校教育工作的各个方面和各个环节,通过对各种美的呈现,培养素质全面的创新人才。

美术教育30年的实践,以美为特色,辐射全校文化建设,诠释"厚文养正,以美立教"的办学理念。"厚文"使人不忘初心不失本色,做学问当求真;"养正"提醒宁海人诚心守正,有家国情怀,做人当求善求正;而艺术审美,以另外一种方式勾勒解读世界,表现美、揭露丑。它点石成金,既观照"文正"内涵,即有尚美情怀之人当求真向善;又成为呈现"厚文养正"内在张力的教育途径,即以美的内容艺术地启发和引导学生。

美术教育是宁海中学的特色,也是宁海中学办学品质进一步提升的重要根基。推进美术特色教育实现从有到优的跨越,是学校发展的重要工作内容。在此基础上深入把握美术教育的内涵,将美的本质渗透到学校工作的方方面面,用美的教育培养适应当代社会需要的个性充分发展的人是宁海中学实现新跨越的关键所在。由此宁海中学办学进入了新的发展阶段,即"美的教育"阶段。

3. 着眼于新时期"创新"人才的培养

教育的本质在于传播文明、培养人才。新时期,教育在人才培养上的诉求正朝培养"创新"人才的方向发展。作为实现这一目标的手段之一,"美"的教育必不可少,也是刻不容缓的。

美,是自然的,也是人文的;是感官的,也是精神的。因此,人类有了美的创造、美的哲学、美的理想,并应用于教育,以滋养情感、陶冶人生。美育是培养人认识美、体验美、感受美、欣赏美和创造美的能力,形成审美素养的过程。现代科学证明,艺术教育和审美教育能突破思维定势、打破思维禁区,在培养学生创新能力方面,厥功至伟。多数获得诺贝尔奖的科学家,都是有很好的艺术素养并从中汲取灵感,就是最有说服力的例证。

党和政府历来重视美育在人才培养中的重要作用。《中共中央关于全面深化改革若干重大问题的决定》明确"坚持立德树人",首次提出"改进美育教学,提高学生审美和人文素养",强调了美育在培养创新人才方面的重要意义和独特作用。

真、善、美是人类的基本追求,也是一种终极追求。规律是求真的结果,价值是求善的追求,美以真为基础,以善为前提,是真与善的统一,真善美三位一体。教育作为以培养人为本质的活动,是一项求真、求善、求美的事业,意在对受教育者产生积极的影响,使其成为人们所期望的完美之人,更应该按照美的规律来进行,以美来统领整个教育。从这个意义上说,"美的教育"是教育的最高价值、最高追求。教育应该追求美,教育应该实现美。基于此,学校紧紧围绕"美"字做文章,将"厚文养正,以美立教"作为一种理念,一种不懈的办学追求,对学生进行全面发展教育,培养学生各方面的基本素养,为其今后向完美之人发展打下坚实的基础。

"美的教育"应该是以能融"真"和"善"为一体的"美"为灵魂的教育,是教育活动和美二者融为一体的教育自身"立美"的教育,是使教育的一切都成为美的活动的教育理念,是教育发展的最高境界,是使教育真正成为人生的一个美好阶段,使教育真正能在知识传授中带给人美好的精神享受,带领人去为美好的未来生活而努力,使教育真正成为一个有蓬勃活力的有机体。所以,只有美的教育,才能揭示教育的真谛,才能将教育的工具性价值和目的性价值相统一,才能真正实现师生之间民主、平等、自由互动的关系,才能使少年的受教育过程成为对生命意义的体验过程,真正实现主体性创造,从而发展成为完美人才。

二、"美的教育"的构建

将"美的教育"作为一种办学追求,是宁海人的共同信念。以美立教、立美育人,重在按照美的规律来进行教育,以美来统领整个教育,对受教育者产生积极的作用影响,使其成为人们所期望的完美之人。

1. "美的教育"的内涵

"美的教育"的内涵和美的本质密切相连。美是什么?可以将其抽象概括为具体事物包含的正价值。美具有以下几个本质特点:美是某种被感知的存在,这是美产生的前提;美通过客体的感官体验获得,这是获得美的手段;美是唤醒出灵魂中对美的片段原型记忆而产生的感受。因此,美包括三层含义:一是审美对象,即美的东西;二是审美属性,即美的特征;三是美的本质和规律。这三层一步比一步抽象,一步比一步深入。

基于此,可以将美的教育理解为引导学生通过感知美的存在,唤醒对正价值原型记忆而获得的对正价值的感官体验。结合时代发展特点和宁海中学发展实际,将宁海中学"美的教育"理念概括为"以人本管理为保障,于美丽校园中,构建灵动课堂,实施品质课程,培育德智体美全面发展的'大美'人才的教育"。

2. "美的教育"体系的构建

"美的教育"追求要落实到实践中,须将美贯穿于学校教育的方方面面。但需重点解决好培养什么样的人、办什么样的学校、需要什么样的教师、建设什么样的课程、构建什么样的课堂、实施什么样的管理、形成什么样的文化几大问题。

宁海中学将通过"三风一训"将这一理念进一步具体化,引领学校各方面的建设,为搭建"美的教育"体系提供了支撑。

办学理念: 厚文养正　以美立教

培养目标: 德智体美全面发展的创新人才

校　　训: 勤　诚　勇

校　　风: 求真　向善　尚美

教　　风: 博闻　立美　求新

学　　风：笃学　善思　敏行

三、"美的教育"的实施

作为一种办学理念，有效地贯彻落实才是"美的教育"价值实现的核心环节。

1. 实施原则

"美的教育"的本意在于按照美的规律来进行，以美来统领整个教育，强调以美立教，以美育人。因此，在"美的教育"实践中，必须用美学的立场来统领学校教育教学工作的方方面面及各个环节。在具体实施中，需遵循以下几个原则。

（1）多角度原则。即多角度认识、挖掘教育中的各种美。美具有突出的普遍性，无时不在，无处不存。其特殊性表现在不同故事层次的人会有不同的审美观，会创造出不同层次的美。审美，就是个人认识各种形式的美体验到的愉悦感受或者对于丑陋形式的厌恶反感。从审美角度看，美的教育实施中必须多角度认识、挖掘教育中的各种美，才能真正用美来统领教育。实践中，需注意将教育中所存在的自然美、人文美、思维美、学科美和人性美充分挖掘出来，引导学生充分认识各种美，为展示各种美、创造各种美打下基础。

（2）多主体原则。即美的教育的实施主体是多元的。既包括学校的领导、教师，也包括学生、职工；既包括人这一主体要素，也包括环境客观要素；既包括校内的人、环境要素，也包括校外的人、环境要素；既包括静态要素，也包括动态要素。以美丽校园为基础的美的校园文化为实施美的教育提供良好的氛围；智慧教师是美的教育实施的重要主体；领导管理者是美的教育实施的引领者；美的管理是美的教育实施的重要保障；校外专家学者及周边社区资源是美的教育实施的重要助推器；美的课程是美的教育实施的重要载体；美的课堂是美的教育实施的主要平台；美的学生是美的教育实施的重要参与者。全校上下形成以美立教、以美育人的良好风气，为学生的健康成长、发展奠定良好基础。

（3）全面性原则。即美的教育的实施是全方位的，落实于学校发展的方方面面。美的教育作为一种教育追求，已不仅仅局限在美育范畴，而是扩展到学校的德、智、体、美、劳的全部教育内容；不只是在美术特色班实施美的教育，而是在全校范围内，普通班和美术班都实施美的教育；也不只是在学科教学中实施美的教育，而是在所有的课程，包括校园文化等隐性课程中全面落实"美的教育"理念。

2. 实施路径

具体而言，宁海中学"美的教育"的实施将本着"以美启智，以智益美"的思想采取有效措施不断向前推进。

（1）建设自主德育模式，培养德行之美。早在两千多年前，孟子就提出"谨庠序之教，申之以孝悌之义"，意思是认真兴办学校教育，宣扬孝顺父母友爱兄弟的义理。时至今日，我们依然在贯彻执行这一教义。立业先立德，做事先做人。"德育为先"也是《国家中长期教育改革和发展规划纲要（2010—2020年）》中阐述"坚持以人为本、全面实施素质教育"这一教育改革发展的战略主题时提出的"三个坚持"之一。所以，在校园文化系统提升工程中，培养德行之美贯穿于工程始终。

一方面，学校继续坚持常规立校、规范管理，营造严谨朴实、实干高效的办学氛围。对早读、大课间、盒饭、晚自习、住宿等常规环节精细化管理，保证了教育教学有章可循，有规可依，有序可行，成效显著，已成为全区的榜样。另一方面，设置自主德育课程，推进校长助理项目，提升学生主人翁精神。宁海学子健康阳光，有责任，有担当。随着教育形势的快速发展，学校的工作思路努力在理想和现实之间寻找平衡点，即一方面按照高考的要求，以一抓三年的韧劲，扎扎实实做好迎考备考工作，努力让宁海学子健康阳光，终身学习，创新发展。

（2）加强教师队伍建设，孕育智慧之美。教师是教育教学的直接承担者和教学改革的实施者，教师的水平直接决定教育的水平。"美的教育"理念得以实施的关键在教师。师表之美是教育美育的重要组成部分，要求教师努力塑造美的讲台形象和人格形象，以自身的师表之美作为教育手段。为此，教师应博学精专、敬业爱生、立美求新，用自己的智慧引导学生追求真理、不断向善。

学校以百年宁海精神为基础引领教师队伍建设，系统规划引领教师发展。开展校本培训，学校为教师发展所提供的机制与平台，推动教师群体在业务上的共同发展。为此，学校成立了教师发展中心这一专门机构，制订发展措施,明确每年实现专业发展的具体任务,引领教师专业发展。此外,学校还利用多种渠道,充分利用校外资源,实现专家引领教师的业务成长。通过聘请名特优师指导备课组,邀请专家进行专题讲座,和高校进行项目科研合作等方式为教师的素质提升提供尽可能大的平台。

(3) 构建品质课程体系,挖掘学科之美。"以美立教"必须立足课程,从这一实质性的因素出发,引导学生求真、向善、尚美。

首先,进行美术校本课程的深度开发。以学校原有的美术特色教育为基础,以美术班课程为骨干,建设核心美育课程,这是带动其他学科美育特色校本教材开发建设的基础所在。

其次,进行学科美育校本课程开发。在学科校本课程建设中突出"以美立教"理念,挖掘、展示并引领学生发现、体验课程中的美,并尝试去创造美,构建尚美、多样、开放的美轮美奂的品质课程体系。主要通过学科教师充分挖掘不同课程所蕴藏着的丰富的美的成分,让学生体会到自然之美及人类的智慧之美、道德之美、艺术之美,体验其所表现的伟大的人类主体的本质力量,发展、完善学生的认知、能力、情感、态度和价值观。同时,基于"美育"强调培养具有自主性、主动性、创造性的人才,还需在校本课程建设中突出生本,关注学生的兴趣、爱好,考虑学生的水平、特点,满足学生的不同发展需求,突出校本教材的导学性,引导学生自觉进入相关领域进行更深入的探究,满足个性化的发展需求。

目前,学校已初步构建了包括德育课程、学科课程、校本课程在内的课程体系,这些课程面向全体学生,意在全面培养学生包括审美素养在内的各方面素养。学校开发开设系列人文和科学文化拓展课程,扩展了学生的视野,丰富了学生的知识面;同时还开发了初高中学习方法衔接课程、生涯规划课程等,在教学生学会学习、学会发展等方面下功夫,为学生的可持续发展提供支持。

(4) 加大课程改革力度,创设灵动之美。努力寻找教育活动自身的审美活动形式,创造合乎美的规律的教育活动中介形式,这是提高教育教学实效的关键。这种对美的教学方法的探索,从大的课程内容整合、呈现,课程教学过程的组织实施上的探索创新,一直到有张有弛的授课节奏,教学语言、板书的美化等小的细节,教师在集群体智慧、尽己所能地挖掘、展示教学中的各种美,对学生进行美的教育,凸显新课改对学生创新精神、实践能力的重视,创设民主、合作、探究的灵韵课堂。目前,我校数学、生物、心理健康教育学科进行了课程教学的探索与创新,使教育活动过程成为教师"乐教"、学生"乐学"的过程,让教师和学生充分体验、享受灵动的课程之美。

(5) 努力建设书香校园,弘扬文化之美。宁海中学办学多年来一贯坚持"文化塑校",强调用文化塑造学校,用文化发展学校,用文化撑起学校发展的广阔空间,用文化引领师生共享高品质的教育生活。宁海中学不断充实美化校园环境,并把文化策划看作统一思想、凝聚人心、提升品位的一项重要工作。学校将此确定为自主发展一年期重点推进项目之一,主要通过对办学理念的思考与解读,从学校文化的本源入手,将"厚文养正,以美立教"理念为指导,建设富有科学、人文、艺术气息的美丽校园,打造独特的校园绿化环境和人文景观,使之能够感染在校的师生,从而形成用环境渗透文化,用环境陶冶情操,用环境宣传学校的办学思想和文化引导方向。让每一位置身校园的人能切身感受到宁海中学"美"的文化传统和内涵。

(6) 有效实施人本管理,构建和谐之美。有效的学校管理是教育质量提高的必要条件。从强调目标的科学管理到以全面质量管理思想为基础、以"全员""全程""全面"为特征的精细化管理,宁海中学的发展和有效的管理密不可分。在"以美立教"理念引领下,学校将日益凸显人本管理特征:以人本的价值观塑造人,以人文的价值观培养人。

进一步加强领导班子建设,结合上级相关政策和学校实情,注重广大教职员工的积极参与,不断健全、完善管理制度,在合法、合理基础上,提升人文特色,通过充满人文关怀的管理,调动、激励广大教职员工和学生的积极

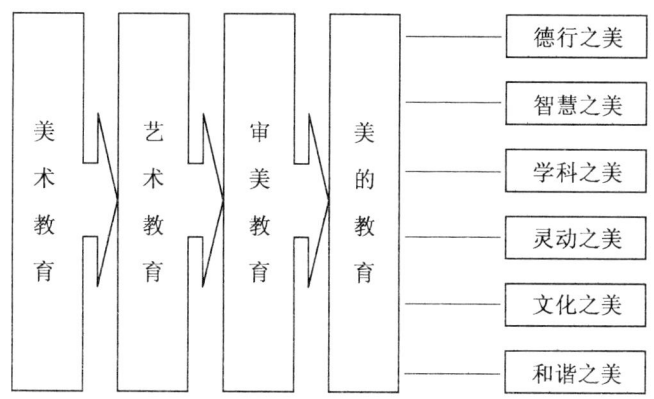

宁海中学美的教育发展历程及实施路径示意图

性、主动性,创设团结和谐、积极进取的整体氛围,为"和谐之美"的实施提供管理保障。

综上所述,宁海中学美的教育发展历程及实施路径可用上页示意图作更为简洁、明了的展示。

(黄文武)

以美的教育追求人的价值实现

重视美的教育是当前中小学教育教学改革的一个热点。从美术教育是南京市宁海中学早期的一大亮点,到美术特色成为宁海中学的宣传名片,宁海人以对"美的教育"的追寻,在基础教育的改革大潮中不断前行,在创特色学校、促师生成长方面取得了骄人的办学业绩,获得社会各界广泛赞誉。本文结合宁海中学"美的教育"改革与实践,就美的教育与人的价值实现问题谈几点思考,以期对我国基础教育改革有所启发和借鉴。

一、实现人的价值是教育的终极目标

教育的对象是人,教育的目的也是人,教育的一切理念和行为都围绕着人展开。教育的终极目标是使自然人成为社会人,使人成为有价值的人。换言之,实现人的价值是教育的终极目标和追求。

1. 何谓人的价值

人的价值即人对自身的意义。是作为主体的人同客体的人或社会需要的一种关系,即客体的人对主体的人或社会需要的满足关系。人的价值包括自我价值和社会价值两方面。自我价值是人获得自身发展所需的物质财富和精神财富自我满足的能力。社会价值是人在获得自我满足的同时,以自己创造的物质财富和精神财富来满足社会其他成员的需要,对社会作出应有的贡献。

人在生命之始,作为一个生命体,就具有特定的价值,但其生存、生活和发展需要必要的物质和精神需求。因此人们需要不断进行各种实践,用创造出来的价值客体满足各种需要和享受,并随着需要和享受在质与量上的不断扩展,进而促进人创造更多的价值客体,促进自我的不断完善。人的价值的实质,是主体的人的创造活动,是创造活动对社会存在与发展的积极意义,是创造活动对他人需要所满足的程度。在马克思主义者看来,人既是手段,也是目的,是目的和手段的统一。所以,仅仅把人的价值归结为对他人、对社会的贡献,只把人当作手段而没有当作目的,只当作客体而没有当作主体,具有片面性。在追求价值的实践活动中,实现人的自由的、全面的发展。真正全面占有自己的本质,是人的价值的最高目标。

任何价值的实现都离不开人的活动,然而人的价值实现有着与单纯物的价值实现不同的特点。具体地说,这些特点主要表现在人的价值实现的社会性、中介性、主观能动性和保持主体性等方面。从一定意义上来讲,人的价值的实现,是使人内在的创造才能充分地发挥出来,为人类社会的进步多作贡献。人只有创造出价值客体时,或者说只有把自我价值所具有的潜在价值转化为社会价值时,人才真正有了价值。只有不断促进人的自我价值与社会价值的相互作用、交融、协调,并达到一定程度上的平衡,才能促成人在现实社会中实现人生价值。当然,人的价值的实现不是自然而然的事情。一般而言,人的价值实现既需要客观的社会条件,也需要有一定的主观素质,包括正确的人生价值目标、良好的人生价值能力以及勇于实践、勇于探索和创造的精神品质等。

2. 教育的终极目标是追求人的价值的实现

教育作为人类特有的一种活动,是发展人的生命、生存、生活,实现人的价值,引领人类文明进步的社会活动过程。现代教育是植根于知识经济和信息社会、引领未来发展的教育,是根植于现代社会、引领时代不断进步的教育。但无论社会如何变更,培养人始终是教育特有的质的规定性。通过培养人使个体在社会化过程中不断完善自我,以实现人的价值。这是教育的本体价值所在。实现人的价值,使"人之为人",也是教育的根本追求之所在。

相对于以升学为唯一标准的应试教育而言,以提高民族素质为宗旨、促进学生德智体美劳各方面全面和谐发展的素质教育,更加强调面向全体,更加强调全面发展,这对提高人获得实现价值的能力,进而不断完善人的价值无疑具有十分重要的作用。在人的全面发展中,德是灵魂,是统帅,是人全面发展的动力。"人的所有各个方面和特征的和谐,都是由某种主导的首要的东西所决定的,在这个和谐里起着决定作用的、主导的成分就是道德。"因此,教育中必须坚持德育为首。心智方面的充分自由发展,意味着在个体发展中,能够全面、充分、自由地再现历史形成的人类知识经验及能力,并在此基础上得到进一步提高,有所创造,有所进步。在人的价值实现中,智育有三个基本作用:授予系统的科学知识,形成基本技能、技巧,发展智力。体育不仅能造就我们强壮的体魄,而且可以塑造现代人格,培养竞争意识和平等意识,培育积极进取精神和求实精神,维持健康的心理状态。美育可以激发人的道德情感,陶冶人的道德情操,培养审美感知,锻造人格修养。

人的个性的自由充分发展是全面发展的必然追求。马克思关于人的全面发展理论,究其本质而言是关于个体身心充分、自由、统一的发展的理论。加德纳多元智能理论也告诉我们,每个个体都有着自己独有的智能结构,不同智能在个体身上有着不同的表现。这就启发我们,在教育过程中,必须尊重孩子发展的个体差异性。教育作为培养人的活动,只有遵循人的身心发展规律,针对不同人的不同特点,引导个体认识自己,意识到自身的价值,才能促进个体在自己原有基础上得到自由而充分的发展,使个体的潜能得到最大限度的发挥。

对于教育和人的价值的关系,周国平的观点值得重视。他说:"人生问题和教育问题是相通的,做人和教人在根本上是一致的,人生中最值得追求的东西,也就是教育上最应该让学生得到的东西。""人生的价值,可用两个词来代表,一是优秀,二是幸福。优秀,就是人之为人的精神禀赋发育良好,成为人性意义上的真正的人。幸福,最重要的成分也是精神上的享受,因而是以优秀为前提的。由此可见,二者皆取决于人性的健康生长和全面发展,而教育的使命即在于此。"在周国平看来,人身上有三种东西是最宝贵的:"第一是生命,第二是头脑,第三是灵魂。"因此,在个体发展过程中,人的价值包括生命价值、头脑价值、灵魂价值三个不同的层面。但在多年的教育实践中,我们更多关注的是指向头脑价值实现的智力教育,过分注重的是学生对知识技能的掌握,却轻视了那些对智力发展有重要影响的好奇心、兴趣的培养,忽视了对学生的生命认知、生命敬畏以及丰富灵魂的教育,影响了教育在人的价值实现中作用的发挥,这种现象是到了必须改变的时候了。

二、美的教育是实现人的价值的重要途径和手段

1. "美的教育"的涵义

美育思想源远流长。从"借美育人"到"立美育人",人们对美育有着极其丰富的理解,对美育的认识也不断深入。美育最初是以艺术的形式为内容,是传递艺术知识、技能、培养艺术鉴赏力的艺术教育。之后是强调以一切美的事物为手段,培养审美能力、陶冶情感、培养情操、完善人格的美感教育。人们对美的认识越来越接近美的真谛。但这些都还只是把美作为一种外在的因素加以利用,以美为工具。美育作为教育的一个重要组成部分,还可以开发人的智力和创造力;可以增强人们在体育活动中的审美感受,不断提高人体健美水平。美育的辅德、益智、促体、助劳的功能,使得美育在一定意义上成为诸育的兼容者。美育客观上成为具有融合各种教育的教育整体地位和功能的一种综合型的教育形态,对高素质人才的培养起到了不可忽视的作用。其目标绝不仅仅在于美的知识的获得、技能的发展、审美能力的培养、情感的陶冶,而是指向培养全面发展,具有完美人格的人。所以,教育还必须自身立美,成为美的教育,才能使美育具有更扎实的根基,否则,美育就根本无从谈起。

在宁海中学的教育探索中,美术教育立意高远,坚持以"大美术为内容、大课堂为载体、大写意为过程",着眼于改变学生的人生态度,提升学生的生命品质,高扬"美的教育"的教育主题,用美的教育培养美的新人。

美的教育是由美衍生而来的。无论社会怎样发展,真、善、美都是人类的基本追求,当然也是终极追求。美以真为基础、以善为前提,属于高位概念,亦即对美的追求是高位追求。

从古语"教,上所施,下所效也""育,养子使作善"到今天的"教育是一门科学,也是一门艺术"观念的深入人心,人们对教育的理解已充分体现了教育与真善美的密切关联。科学强调求真,德育强调向善,艺术强调崇美。教育不仅要教人求真、求善、求美,教育自身也要求真、求善、求美。因此,我们所提倡的美的教育,是以美为灵魂,用教育自身之美引导学生求真、向善、崇美的教育。换言之,所谓美的教育,是指一切遵循个体身心发展规律、符合社会价值导向、能够促进学生身心自由而充分发展的教育。

对于美的教育的概念，郭其俊认为美的教育是教育终极的流溢。其赋美以特征，寓美于过程，以美为取向，含有以下几种元素：

美穷——教育者本身具有崇高教育理想的追求、信仰和坚持；

美感——使受教育者感到身心愉悦和带来"利益"，而不是"伤害"的感觉；

美德——教育符合道德的准则，关注学生今天的成功，更关注学生未来的发展，不以牺牲眼前幸福和未来发展换取功利性的成绩；

美境——教育的整体呈现出一种高境界的审美状态；

美誉——在系统内外都产生了良好影响，具有很高的美誉度。

2."美的教育"的特征

由上分析不难看出，美的教育，在本质上，是一种合乎规律的教育，是能够促进个体和社会发展的教育。一般而言，这样的教育，其特征也是非常明显的。

其一，理想性。美的教育是一种教育理想。人道主义认为，人是最高价值，而人的最高价值应是人的创造性潜能的实现，而人的创造性潜能的实现给自身和社会带来的愉悦的心理感受就是美。从这个意义上说，"美的教育"是教育的最高价值、最高追求和最高感受。美的教育是通过知情意行的教育达到真善美的目的，是一种和谐的教育，是超越"美的形式"的教育，是更高层面追求美的境界的教育，即真善美相统一的教育。因此，美的教育是一种最高境界的教育，是一种教育理想。

其二，实践性。美的教育不仅仅是一种教育理念，更是一种实实在在的教育实践，强调教育从外在到内在对美的追求。从艺术教育到美感教育再到美的教育，这是人们对美认识深入的必然结果。美作为真与善的统一，相对于真和善而言处于更高的层面。教育的发展，经历了"以知识为中心"的求真和"以儿童为中心"的求善之后，现在，正在走向"以美为灵魂"，融真和善为一体的美的教育。这种教育，不仅仅是借美育人，把美作为一种外在的因素加以利用，而更是强调立美育人，将美的规律运用在教育过程，使教育的一切成为美的活动，用教育自身之美，使人的本质力量得到最完满的展现，使教育过程真正成为受教育者对生命意义的体验过程，真正实现主体性创造，真正在知识传授中带给人美好的精神享受，带领人去为美好的未来生活而努力。

再次,创造性。美的教育,可以是美育("艺术教育"的简称),即可以通过美育加以实施,但很显然,美的教育不仅仅等同于美育。换言之,它是包括美育在内的一种全面而综合的教育。美的教育绝不仅仅是一种教育形态,而是强调教育活动因具有美的宗旨和特征而成为美的教育。在全面发展的诸育中都存在大量美的因素。美包括智育中对真理的追求和运用,德育中对善的敬畏和践行,美育和体育中对"美的形式"的渴望和拥有(包括身体形态的美)。因此,我们提倡的美的教育,更加强调和看重的是,运用美的规律,在诸育中充分挖掘和利用诸育所蕴含的美的因素进行教育。需要特别指出的是,美的教育应该是审美教育和立美教育的统一,但美的教育的根本还是引导学生按照美的原则去创造美。所以,美的教育应该是培养学生的审美意识,引导他们感受美、发现美和创造美,把他们培养成热爱美、欣赏美、创造美的主体的教育。

3. "美的教育"的作用

蔡元培说,凡是学校所有的课程没有与美育无关的。"纯粹之美育,所以陶养吾人之感情,使有高尚纯洁之习惯,而使人我之见,利己损人之思念,渐消沮者也。盖以美为普遍性,决无人我差别之见能参入其中。……美以普通性之故,不复有人我之关系,遂亦不能有利害之关系。"

以美启智,以美养德,以美育情,以美健体,以美导劳。美育不仅能够培养人们的高尚情操和审美品位,而且还能够开启人们的心智之门。可以说,美育是一种在追求真善美有机统一基础上,即通过科学(求真)与人文(求善求美)的途径达到的和谐人格教育。用王国维的话说就是完人教育。为了切实落实"五育"并举的教育方针,蔡元培提出了"以美育代宗教"之说。他之所以要提倡"以美育代宗教",其理由是美育是自由的,而宗教是强制的;美育是进步的,而宗教是保守的;美育是普及的,而宗教是有界的。毕竟,宗教是有局限的,它摆脱不了宗派的狭隘性,与自由、民主、博爱、平等、人权等现代社会的核心价值是冲突的。

三、"美的教育"的基本理念及实施原则

如前文所述,宁海中学美术教育特色经历了"美术教育—艺术教育—美育"的演变提升过程。应该说,在百年发展历程中,美术教育一直是宁海中

学的亮点和特色,在全省基础教育领域中具有不可替代的优势。自2001年以来,学校作为清华大学美术学院生源基地学校,开辟了学校实施艺术教育的有效途径,为发展学生个性、促进学生全面发展搭建了广阔的舞台。追求"美的教育",是宁海中学在自身发展中基于自身实情,在实践中对教育不断解读的体悟。为促进多元特色发展,学校确立了"从美育到美的教育"的跨越性目标,不断向教育的最高境界攀升。

1. "美的教育"基本理念

美的教育不等于"美育",更不等于"美术教育"。其实质是我们对教育的一种期待,是希望通过美的教育,促进人的幸福成长。宁海中学"美的教育"的实施是建立在"以美为取向、立美为过程、创美为境界"的美的教育理念的基础上。

"以美为取向"。如果把教育理解为一个生命活体,那么这个生命活体应是充满自由的、和谐的、有热情的、张扬个性和创造精神的,同时也是精致的、优雅的乃至高贵的,这样的以美为取向的"美的教育"才真正是美的。当然,"美的教育"并不反对返璞归真,因为真也是一种美,同时,返璞归真也要其具有美的外显形式和内在涵养。

"立美为过程"。如果把教育理解为一个师生共同成长的过程,那么这个过程需要美来浸润。因为教育的过程不仅是一系列知识与技能掌握的过程,更是一个个瞬间和感受,让这一个个瞬间充满美的浸润,才能让师生有美的感受,进而健康成长并不断提升生命的品位和品质。

"创美为境界"。如果把教育理解为一个在一定取向之下的教育行为,那么这种行为要以美为境界。因为教育的目的不仅要引导学生求真、崇善,更重要的是要引导学生向美,唯其如此,教育才是完整的,才是追求完美的。

2. "美的教育"实施原则

"美的教育"贵在把"理念"变成"信念",把"信念"变成"行动",在行动中彰显"教育之美",在行动中培养"美的新人"。在宁海中学,"美的教育"已成为师生耳熟能详的话语,成为统领学校的教育主题。"尊重科学、道德和彼岸,注重对话、平等和尊重,崇尚自由、创造和愉悦,看重精致、品位和品质",是宁海人对美的教育的阐释。宁海中学美的教育的实施,所依循的原则主要有:

(1)科学性原则。即尊重科学、道德和彼岸。教育作为培养人的活动,教人求真,引人向善,不断获得自我满足的各种能力,完善自我,向更高的自我实现水平迈进。"美的教育"必然敬畏科学和道德,追求更遥远、终极的理想、彼岸之美。

(2) 平等性原则。即注重对话、平等和尊重。每个人都有价值实现的需求。教育实践中,每个个体都需有对他人不卑不亢、不俯不仰的平等相待、对他人人格与价值的充分肯定和尊重。在美的教育中,彼此间相互尊重、平等对话、沟通,自由和谐共处,是"美的教育"倡导的一种修养、一种品格。

(3) 创新性原则。即崇尚自由、创造和愉悦。教育是一种以影响人的身心发展为目的和特质的活动,是人的自由生命创造过程的本身。在美的教育中,师生共同参与、共同创造、共同体验发现的欣喜、创造的快乐和成功的自豪,体悟美好人生的价值和意义,在美的境界中实现着人的心灵的自由、获得美好的精神享受。"美的教育"一定是崇尚自由、创造,给人以愉悦的。这种愉悦就是"美的教育"所追求的。

(4) 精致性原则。即看重精致、品位和品质。"美的教育"看重教育的品位和品质并达到精致的地步。正如香奈儿形容"香奈儿"时所言:"任何一件美丽压倒怪异的东西,就是香奈儿。香奈儿只会逃离最新的狂热潮流。因为它们表现出来的都是平庸俗气和哗众取宠,而且这些东西无论如何都难以达到——简约优雅。"

基于以上基本原则,宁海中学的美的教育强调以下几条细则:以内涵的丰厚之美,富学生之心;以形式的精致之美,激学生之情;以艺术的高雅之美,润学生之性;以精神的境界之美,导学生之品;以情怀的终极之美,育学生之灵。

实施"美的教育",就是要让艺术在学校里无处不在,每一处景物、每一项活动、每一堂课、师生每一个动作、每一句话语、每一种形态都拥有美的成分,都是美的战线。当"美的教育"演绎至艺术的层面,就成为一种可以被绝大多数人赞同与惊叹的几近完美的人类产物。

苏霍姆林斯基说:"美蕴藏着强大的教育力量。""没有美的教育,就不可能有完整的教育。""美的教育"是一种教育理想,是从外在到内在对美的一种追求。"美的教育"是一种精神,引领我们追求教育的真谛。以教育自身之美展示外在之美,使美充溢于整个教育,以美为灵魂来作用和影响学生,使学生的全部身心融于之中,使心灵受到熏陶和美化,是宁海中学的不变追求。

(李宏伟)

美术校本课程管理的几个理论问题

宁海中学美术校本课程的开发、实施、管理走过了30年的不平凡历程。在这一过程中,以课程理论的学习、内化、指导校本课程实践始终是一个重要的指导思想。本文拟就校本课程建设与管理中的几个基本理论问题,谈点不成熟的看法。

一、校本课程的基本理念与价值

1. 校本课程的基本理念

一般来说,校本课程的理念包括三方面的内容——立足学校、胸怀全国、面向世界。所谓立足学校,是指立足学校现有的课程资源、教师实际课程开发能力、学生的实际来开发校本课程。所谓胸怀全国,是指开发校本课程要瞄准培养中国公民、主动借鉴国内其他学校成功的做法。所谓面向世界,是指开发校本课程要适应培养国际公民的需要、主动借鉴国外其他学校成功的做法。

校本管理的理念主要体现在以下几个方面:

第一,管理分权化。管理分权是校本管理的重要方面,因为在集权的严格控制下,学校很少有决策权,所碰到的问题得不到及时解决。管理分权的理论依据是学校管理和教学活动难免会碰到问题和困难,学校应该有权及时有效地解决所发生的问题。换句话说,管理分权原则强调的是及时并有效地发现、解决问题。

第二,管理自主化。要实现学校教育政策的目标就离不开上级领导,但是学校的校本管理教育、教学和人员、金融等问题不是上级可以解决的,需要学校自己来解决。这需要学校成为全局、系统管理的主体,有权调控教育方针、教学目标和管理策略,有权分配物的资源和人的资源,有权根据实际需要解决面临的问题。

第三,对象多样化。校本管理的过程中,学校教育的对象或目标可以被视为是多样化的,教育可以被视为是一个复杂的、变化的环境。与传统的外部控制管理相比,这是不同的。传统的外部控制管理认为学校教育的目标是简单和统一的,教育环境固定,学校缺乏改革观念,教育管理发展的趋势是更稳定、更标准。造成差别的主要原因是学校的服务目标具有多元性特征。

第四,组织创新化。校本管理理论认为,学校管理目标是不明确的,学校组织结构是松散的,这就需要有创新的管理理念和管理制度。与人际关系理论和现代行为科学理论相一致,人们开始十分密切地注意人为因素对组织有效性的影响。一些学者建议的战略是"松紧共存"。紧,是指需要建立一个合理的组织结构,明确命令、规章制度、工作计划和工作程序,确保学校管理工作的顺序;松,是指需要在学校层面扩大权力的分配和资源的使用,学校鼓励学生家长、老师、学生和校友的决策参与。

2. 校本课程的基本价值

关于校本课程开发的价值,有学者从课程理论发展的角度,认为试行"国家课程、地方课程、学校课程"三级管理的课程政策,是我国基础教育课程政策和管理体制的重大变革,是现代课程理论与我国现实国情相结合的合乎逻辑的发展方向和必然选择。反映了一种顺应时代要求的改革理念。它是课程理论与实践不断丰富、发展、完善的过程,是国家课程开发的重要补充。有学者认为这意味着下放部分课程决策权,是一种再分配的内部权力和资源,在课程开发的权力和地位上,凸显学校和教师的重要性。校本课程开发的价值对学校、教师和学生而言在于:它强调学生个性的发展,形成学校的特点和学校教师专业发展的特点。但不管从何种角度切入,都肯定了一点,提高课程整体的适应性,满足学校教师和学生的实际特点与发展需要以提高课程的有效性,这是尤为重要的。

校本管理能够刺激学校改革和发展的内部动力。校本管理鼓励教师、学生和家长以及社区成员积极地参加学校的管理过程,有助于提高决策的合理性、有效性,提高学校各成员的主体意识和责任感。随着时代的发展,学校教育改革离不开成员和家长的参与。对比外部控制管理,校本管理更有利于合理配置资源,提高质量管理,激发广大教职员工的积极性,促进教师的专业发展。

校本课程开发的价值在于,它能够以从下到上的方式弥补国家课程的不足,帮助学生个性发展,提高教师专业发展,促进学校办学特色的开发。我们致力于校本课程开发的本土性和创造性转换,原因亦在于此。

二、管理系统理论与校本课程管理

校本课程管理是一个系统工程,离不开管理系统理论的指导。下面将从管理关系论的角度去探讨校本课程管理,即校本课程管理的主体、校本课程管理的客体以及主体与客体的辩证关系。

1. 校本课程管理的主体

管理体制主体就是管理世界中从事管理活动的管理者。知识、能力、权力和威信是校本课程管理主体必须具备的四个方面的素质,缺一而不可能成为真正主体。

无论古今,参与管理的人各有其不同的职责,管理系统通常又是由决策人员、智囊人员、执行人员和监督人员按一定方式组成的有机整体,称之为管理主体系统。

第一,管理主体系统最高层的是决策人员。他们是具有决策权和对整个管理系统负有最终责任的领导者。决策权绝不能再由少数个人"乾坤独断",而应由集体民主决策。校本课程管理的决策权应是"学校课程委员会",学校课程委员会的成员主要由校长和学校少数优秀教师组成。

第二,管理主体系统的第二层次是智囊团。智囊团有利于使决策科学化而避免主观武断,其职责在"谋",而非"断"。校本课程管理的智囊团主要是教育研究的高层次人员和学科专业研究人员。

第三,管理主体系统的基干部分是执行人员,属于第三层次。执行人员的任务是根据决策者的决策方案,从事制订具体计划、组织和指导操作人员,任务是贯彻执行方案。学校教师是校本课程管理中的执行者。

第四,管理主体系统还设有专职的监督人员,其职责是通过跟踪捕捉执行过程中的偏差信息并及时反馈到决策层,以保证决策的贯彻实施,随时了解决策是否合乎实际和执行部门是否按照决策执行。校本课程管理中监督人员主要是学校上级教育行政部门以及学生家长、社会人士等。

在实际的校本课程管理中,决策人员、智囊人员、执行人员、监督人员并没有明确的界线。学校教师有时并不仅仅是执行人员,在校本课程开发中,教师可能预先制订校本课程目标、编订校本课程内容、做好校本课程评价方案,然后上报学校课程委员会批准,这样学校教师在校本课程管理中就不仅仅是执行者了。

2. 校本课程管理的客体

管理主体是从事计划决策、组织、指导、控制某一实践活动的人,而被计划、组织、指导、控制调整的实践活动则是其被管理的客体。校本课程管理中,管理的客体主要是校本课程开发,依据"泰勒原理",我们认为其包括对校本课程生成的管理、校本课程实施的管理、校本课程评价的管理。

管理客体既然是实践活动系统,那它就具有实践的客观实在性、主观能动性和可控性。

管理客体的客观性,是指管理客体不以管理主体的意识为转移。在校本课程管理当中,管理客体需要遵循的客观性包括教育自身的内部规律、学生的身心发展规律等。

管理客体的主观能动性,是指管理客体中人的能动性或主动性。在校本课程管理中,学校教师既是管理客体,又是管理主体,要保证校本课程开发的顺利进行,就要充分发挥学校教师的主观能动性。

管理客体的可控性(又称可管性),意指可以管理可以控制。在校本课程管理中,又分为现实的可管性和抽象的可管性。前者是指可控因素,如对校本课程资源的管理等;后者是指对象活动虽有规律可以认识,却无法进行量化,如对校本课程评价的管理,很难认定一门校本课程对学生今后的发展有多大的作用。

3. 管理主体与客体的辩证关系

管理主体和管理客体之间既有对立的一面,还存在相互联系、相互制约和相互转化的辩证关系。

首先,管理主体和管理客体之间是相互作用、相互制约的。显然,校本课程管理主体作用于管理客体,校本课程管理客体被管理主体制约。

其次,管理主体和管理客体是相互依存的。如果没有校本课程开发也就无所谓的校本课程管理;反之,没有校本课程管理如校长、教师等,也就无所谓校本课程开发。

再次,管理主体和管理客体在一定条件下相互转换化。如前所述,学校教师既是校本课程管理中的执行者、被管理者,又是校本课程管理的决策者。

三、校本课程管理的内容与方法

现代课程理论之父泰勒认为,课程应围绕四个基本问题来展开,即学校应该达到哪些教育目标;提供哪些教育经验才能实现这些目标;怎样才能有效地组织这些教育经验;我们怎样才能确定这些目标正在得到实现。我们把这四个问题看作是课程编制的四个步骤或阶段:确定目标;选择经验;组织经验;评价结果。

尽管人们对"泰勒原理"也提出众多的批评,但是"泰勒原理"对课程研究领域的影响是深远的。正如瑞典教育学家胡森所言:"不管人们是否赞同'泰勒原理',不管人们持什么样的哲学观点,如果不探讨泰勒提出的四个基本问题,就不可能全面地探讨课程问题。"

划分校本课程管理的内容,"泰勒原理"是重要理论依据。根据此原理,校本课程管理的内容主要有:对校本课程生成系统的管理,对校本课程实施系统的管理,对校本课程评价系统的管理。

1. 对校本课程生成系统的管理

一是校本课程目标的确定。确定合理的校本课程目标是开发校本课程的前提,也是制订校本课程计划的重要环节。首先,校本课程目标与国家课程总体目标应该保持一致,它同国家课程目标在促进学生个性全面发展方面是统一的。其次,校本课程目标确定要结合学校的实际和学生的兴趣、爱好。再次,校本课程目标要能充分体现学校的办学指导思想和学校的特色。

二是校本课程类型的确定。在明确了校本课程目标之后,学校需要根据其目标确定校本课程的类型。校本课程的类型可分为:基础性课程,是指授给学生可再生长的基本知识和可再发展的基本技能的课程;丰富性课程,是指丰富学生生活、促进学生全面发展、提高学生综合素质和生活质量的课程;发展性课程是指拓展学生能力、激发学生创造力的课程。

三是选择校本课程的内容。校本课程的内容具有广泛性,但课程内容的选择需要遵循一些基本原则。一是要注意课程内容的基础性；二是课程内容要贴近生活；三是课程内容要与学生和学校教育的特点相适应。

2. 对校本课程实施系统的管理

一是对课程资源的管理。课程资源是指形成课程的因素来源与实施课程的必要而直接的条件。

课程资源在校本课程开发中占有相当重要的地位，在对校本课程实施的管理很重要一点就是，通过对课程资源的管理，因地制宜开发和利用各种课程资源，更好地实现校本课程的目标。

校内课程资源主要指学校教师以及教育管理者，这是最重要的课程资源，还有如图书资料、教材、实验室、校园文化等；校外的课程资源主要包括校外图书馆、科技馆、博物馆、网络资源以及乡土资源等。

课程资源开发途径主要有：第一，开展当代社会调查，不断跟踪和预测社会需要的发展动向，以便确定或揭示有效参与社会生活和把握社会所给予的机遇而应具备的知识、技能和素质。第二，审查学生在日常活动中以及为实现自己目标的过程中能够从中获益的各种课程资源。第三，研究一般青少年以及特定受教学生的情况，了解他们已具备或尚需具备的知识、技能和素质，以确定制订课程教学计划的基础。第四，鉴别和利用校外课程资源，使之成为学生学习和发展的财富。第五，建立课程资源管理数据库，拓宽校内外课程资源及其研究成果的分享渠道，提高使用率。

二是对校本课程课堂教学的管理。作为校本课程实施的中心环节和课程管理的重要环节，课堂教学及其管理不容忽视。学校应把校本课程的课堂教学管理纳入学校的日常教学管理当中，并做好如下几个方面：首先，要重视课堂教学过程的管理，倡导教师与学生的互动；其次，要为教师现代教育技术的应用创造条件，鼓励教师改进教学手段和方法，努力提高课堂教学效率；再次，要注重和谐师生关系在促进学生全面发展、提高课堂教学效果方面的作用。

3. 对校本课程评价系统的管理

评价在课程管理中具有促进和导向功能，对校本课程进行公正客观的评价可以促进校本课程开发，促进学生发展。相反，如果对校本课程作出错误或不公的评价，那么将会阻碍校本课程开发的顺利进行甚至偏离方向。

一是对校本课程评价目的的管理。教育部颁布的《基础教育课程改革纲要(试行)》提出,要"改变课程评价过分强调甄别与选拔的功能,发挥评价促进学生发展、教师提高和改进教学实践的功能。"校本课程评价目的的管理包括以下内容:第一,重视课程评价对学生学习和发展的激励作用,促进学生全面发展;第二,学校要利用课程评价,激发教师专业学习和发展的愿望,而不是依据评价结果对教师进行奖惩;第三,学校应该通过课程评价,发现校本课程中的问题,广泛听取教师、学生及家长的建议,从而促进学校课程的发展。

二是对校本课程评价方法的管理。学校还需要在课程评价方法上进行管理,因为单纯对课程评价目的的管理尚不能保证学校课程评价促进学生发展、改进教师教学实践的功能。学校要组织力量,并寻求与相关专家的合作,建立科学合理的评价指标体系。课程评价的指标体系就是评价的标准,科学的评价标准是获取真实信息和资料的保证。标准出现问题或者存在严重的偏差,评价本身就会失去价值。

(唐文勇)

美术校本课程品质之提升

品质,原来主要用来指人的思想、行为习性作风所显示的本质。移用到学校校本课程,则是一个综合的概念,包含诸多要素,涉及多个主体。它是质量、信誉、文化的综合体,外显的是品牌,内隐的是内涵。美术校本课程的品质提升过程是一个有计划、有组织的过程,是一个动态的不断追求卓越的过程。其中,先进的理念是先导,系统的课程是载体,高效的课堂是阵地,规范的管理是基础,优雅的文化和独特的品牌是表现,优秀的学生和社会的认可是目标。

作为一所百年名校,南京市宁海中学是一所特色鲜明的四星级高中。自1986年创办美术班至今,筚路蓝缕,创业维艰。30年艰苦实践,宁海人始终没有背离美术教育的初衷,在深入思考、广泛实践的基础上,逐渐摸索出具有鲜明特色的宁海中学美术教育之路。其中,美术校本课程的品质不断得到提升,这种提升主要通过以下途径得以实现。

一、理念先导:引领美术校本课程品质提升

一所学校选择什么,崇尚什么,追求什么,外显为教育的行为和校风,内隐的是学校的价值观念。学校的价值观为学校全体师生指明了共同的向往和愿景,影响着师生员工和学校的日常行为、精神追求与发展方向。全校共同认可的价值观是学校取得成功的必要条件。

为进一步明确办学方向,让全体宁海人有一个共同的发展愿景,新一届学校领导立足百年宁海的悠久历史,从文正书院开始,不断探索百年宁海历史文化积淀,通过阐释"文正内涵",不断揭示出百年宁海办学底蕴。在此基础上,结合学校30年美术办学历程,不断提升美术教育的层次,将美术教育

上升到审美教育高度,最终提炼出新时期办学理念——"厚文养正,以美立教"。这一理念既切合宁海中学的历史,又折射宁海中学的办学特色,更与新时期国家教育发展纲要精神一致,甫一提出,即得到全校上下一致认同。按照这一办学理念,学校各方面工作以其为核心,将"厚文养正,以美立教"理念渗透到学校教育教学的方方面面。作为学校的品牌特色学科,美术教育教学理应从各方面率先落实这一先进的办学理念。

愿景和价值观是宁海中学品质提升的根基,共同价值观是愿景的灵魂,共同愿景是规范教育行为、引导学校发展的强大推动力,指引着美术校本课程品质不断提升。

二、课程完善:规划美术校本课程品质提升

经过30年的美术班教学和面向全体学生的美育实践,宁海中学开发并不断完善富有特色的校本课程,具体表现如下。

1. 美术校本课程特色化

成功开发富有特色的美术班专业课程、普通班美术课程和美术兴趣活动课程等校本课程,形成"必选兼修、普特并重"的框架结构,形成鲜明宁海特色的校本课程,渗透于整个教育教学。在此基础上,充分发挥美术教师个人特长和优势,成立校考备考团队,每个团队由3~4人组成,安排1名牵头人,形成造型、线条、雕塑等校考研究团队,每个团队开设相应课程菜单,满足了不同学生的不同需求,实现了美术校本课程的特色化。

2. 美术校本课程体系化

针对美术学生实际,美术班文化课设置通盘考虑,建立高一至高三一体化教学,语数外学科单列(不同于文化班),科学协调文化教学与美术专业教学。因美术班课时与文化班有差异,为真正落实因材施教,美术班的文化课单独进行集体备课,提高集体备课的针对性。出版《艺考之路》等校本教材。学校加强美术班的师资配备,要求语数外老师的教学原则上不跨文化、美术两类班级,努力培养一批较为成熟的美术教学团队。美术专业课的设置力求丰富,形成体系。美术校本课程教学以素描、色彩、速写、设计为主,采用写生(静物、人像、风景等)、临摹、创作(创意素描、创意色彩、创意速写)等形式,兼顾教学时间(高一到高三通盘考虑)和考试内容(省统考和校考)的统

筹,保证三个年级教学计划周密,科学有序。完备完善的美术校本课程体系,为品质提升奠定了坚实的基础。

3. 美术校本课程品质化

为进一步提升美术教育内涵,宁海中学挖掘周边高校资源,定期邀请专家讲座、讲学,指导一线教师教学教研,提升教研组的教研水平;成立宁海中学美术馆,借助江苏省中国画学会宁海中学美术教育基地这一平台,定期组织书画名家进校园活动,如邀请中国国画院杨晓阳院长,江苏省文化厅高云副厅长,著名油画家、南京艺术学院邢健健教授,江苏第二师范学院美术学院张广才院长等来校讲学,让学生与名家名作面对面交流,提升了学生美术素养;定期组织学生到省美术馆等参观展览,接受艺术浸染;建立安徽查济、宏村和黄田写生基地,建立清华大学和国内外美术馆等考察基地,不断完善艺术教育校本课程体系。

4. 美术校本课程品牌化

协调各种优质的社会资源,为美术教育可持续发展注入活水;整合社会资源,与清华大学美术学院续签优质生源基地校,成为北京服装学院生源基地校、南京师范大学教学实践基地和省中国画学会美术教育基地;有计划地组织书画名家进校园活动;通过筹划承办清华大学2016年生源基地学校年会,提升美术教育的品牌效应。

此外,学校还积极组织美术班学生参加各级各类正规比赛,为学有专长的学生搭建展示平台,提升学校社会美誉。

三、课堂优化:坚守美术校本课程品质提升

课堂教学,永远是学校教育的主阵地。课堂教学的成败,就是学校教育的成败。宁海中学之所以能在艺术教育方面取得长盛不衰的成绩,其优质高效的课堂教学是最根本最重要的原因之一。

首先,在起点上力求高屋建瓴,把美术教学定在高起点上,盯在高目标上,以此为出发点,在课程设置、教材选用、教法学法上,走在时代的前沿。其次,注重教育教学规律,循序渐进,科学地制订计划,使学生得到最好的训练,学到根本,以求发展,不断根据变化的形势及时调整课堂教学,同时注意吸收全国全省兄弟学校的经验、教训,避免走弯路。再次,从课程设置到教

材选定,到课堂教学研究,课堂教学分析、总结,教学进度目标考核,听课,评课指导,上上下下严格认真地对待每一个环节,关注每一个学生,力求上好每一节课,以最高的效率,达到各阶段的目标。

优化课堂的关键在教师。宁海中学美术教育的主要实施者是美术教师,师资力量的状况决定了美术教育教学的成败。在追求美术课堂优质高效时,学校反复向美术教师宣传,美术教师前提是教师,是教师就要在"教"字上下功夫,做研究,在"师"字上树师德,作表率。美术课堂前提是课堂,是课堂就要符合课堂规范,"我的课堂我做主",确保课堂教学有序规范,在此基础上,努力提升教学品质,追求师生在课堂中生命共享,教学相长。

目前,宁海中学的美术课堂教学已具有自己的特色和优势,教师保证提前候课,课前提要求,课中作指导,示范作画,集体对话和个别谈话相结合,课后总结反馈,保证美术课堂优质高效,赢得了学生的欢迎和点赞。

四、管理严格:保障美术校本课程品质提升

为贯彻办学理念,宁海中学制订了健全的美术教育管理制度,安排一名副校长亲自抓美术教育教学,设立艺教处具体负责美术教育教学工作。

1. 美术教育管理制度化

完善关于学生、教师、教研等管理制度,规范美术教育管理。如《宁海中学美术教师教育教学行为规范细则》《宁海中学美术班班主任专业课管理规范细则》《宁海中学美术班学生专业课行为规范细则》《宁海中学画室管理条例》《宁海中学美术班教育教学管理考核评价细则》。特别加强了专业课期间师生教学行为的管理,如提前候课、课中不随意进出画室;不得使用任何电子产品,包括手机、MP3、PSP等;不得携带零食或其他与专业课无关的物品进画室等。学校特别强调美术教师要承担起"教"和"管"的职责,遵守课堂规范。相关管理制度的出台,使管理有规可依,便于检查反馈。

2. 美术教学管理目标化

管理目标共分三个层次。首先是对整个美术教研组实行团队负责、目标管理。每个年级安排一名经验丰富,教学能力强的老师负责整个年级的教育教学工作,校长室、艺教处对三个年级实行跟踪管理,定期绩效考核。目前,三个团队责任明确,既分工,又合作,工作氛围和谐向上。其次是对每

个年级组实行目标管理。即在校长室指导下,在促进学生全面发展的基础上,根据历届美术高考情况,从高一开始,给三个年级制订美术高考目标,以引领各年级美术教学。在制订目标时,注重加强高一、高二年级过程性管理,每学期正常举行美术期末考试,与文化课一样进行质量分析和过程奖励。最后是对班级组实行目标管理。年级根据学校下达的目标,再根据班级实际,将年级目标层层分解到各个班级,班主任通过班会等形式,制订各班的美术高考目标,并将学生个体目标公布上墙,确保班班有目标,人人有方向。

3. 过程管理常态化

艺教处安排专人对每日常规进行检查,每天将检查情况记录在册,确保检查常态化。及时将检查情况反馈给班主任和美术任课教师,在表扬先进的同时,指出管理中存在的问题,要求及时整改,保证反馈常态化,为美术专业课的有序高效提供有力保障。

五、文化认同:深化美术校本课程品质提升

学校文化是学校全体成员在教育教学和管理实践中逐渐积累和共同创造生成的价值观念、思维模式、行为方式及其活动结果。学校文化是学校的灵魂,是学校可持续发展的内在驱动力,学校文化建设是学校品质提升的重要途径。要确定学校文化建设的高品位,提出的学校文化建设目标要有较高的站位。学校通过举办大型活动,如校园文化艺术节、教师节等重大节日,广泛动员美术教师参与活动,努力让美术教师融入学校的教育教学活动中。认真组织好每次会议,明确会议主题,聚焦组内先进典型,通过榜样示范,大力弘扬无私奉献精神,用新常态引领新思维,提出新要求。针对外聘教师人多不便集中的现状,学校通过多种形式努力增强外聘教师的归属感,如大胆启用外聘教师担当高三毕业班教学;努力提升外聘教师待遇、积极寻求空间,打通外聘教师"转正"的绿色通道……通过上述举措,努力形成校园文化特色,凝练文化共识,形成了"不甘人后、负重攀登的拼搏精神;团结协作、众志成城的协作精神;脚踏实地、循序渐进的求实精神;敬岗爱业、埋头苦干的奉献精神;与时俱进、开拓进取的创新精神"。这些新时期的宁海精神在不断深化美术校本的品质提升。

六、学生成长:展示美术校本课程品质提升

要促进学生幸福成长就要致力于他们全面而有个性的发展,这是学校品质提升的一个核心目标。学生是校本课程的最终指向,他们是校本课程的参与者、监督者、评价者和受益者,没有使学生健康幸福成长的校本课程是无本之木、无源之水。

1. 定期开展兴趣小组活动,丰富校园生活

多年来,美术夏令营和冬令营、西画兴趣小组、国画兴趣小组、书法兴趣小组、摄影兴趣小组、动漫兴趣小组持之以恒地开展活动。除在校开展讲座、创作比赛等活动外,还组织学生在校展览馆里陈列、交流,极大地丰富了校园文化生活,激发了学生的创造热情,提高了学生的美术文化素养。

2. 积极参加各类公益活动,赢得广泛赞誉

利用第二届亚洲青年运动会、第二届夏季青年奥林匹克运动会在南京举办的机会,积极组织动员学生参加亚青、青奥活动。吴悠同学成为亚青火炬的设计者,吉子艺同学成为青奥火炬传递标识设计者,参加青奥国礼图案创作,有11幅作品入选,柳菁菁同学成为青奥颁奖礼服设计者。承办南京市青奥组委会安排的"迎青奥·阿根廷小屋"展示活动,学生设计的"阿根廷小屋",因创意独特,个性鲜明,赢得游客"不愧是宁海中学学生"的赞叹。受邀参加《扬子晚报》全国两会特刊"江苏符号"手绘,有36幅作品入选发表。

3. 积极参加各级各类比赛,成绩斐然

在国内外的青少年艺术活动大展、大赛中,我校学生的作品荣获各级各类奖项数不胜数,赢得了荣誉,得到了表彰。如第十八届全国书画比赛有24人获一、二等奖,第十九届全国书画比赛有25人获一、二等奖,米兰世博会绘画比赛有5人获得大奖,均列全省第一。

30年美术办学,学校为清华美院、中央美院、中国美院等全国高等艺术院校输送了数千名优秀学子。宁海学子,秉承宁海中学笃学、善思、敏行的学风和浓郁深沉的艺术修养,赢得各大高校的赞誉。通过美术特色办学,使大量学有专长的学生避免了"千军万马同挤独木桥"的高考竞争状况,圆了一大批文化相对较弱而美术学有专长的学生的大学梦。这是普通类高中难以达到的办学境界。

回顾宁海中学美术办学历程,在历史的长河中,30年时间可谓弹指一挥间,但对于一所学校而言,这一短暂历程完全可以创造永恒。宁海人将以美术创班30年为契机,继续以美术校本课程品质提升研究为突破口和切入点,不断深化美术办学内涵,坚守"厚文养正,以美立教"的办学理念,我们完全有理由相信,宁海美术教育一定会在新征程上快马加鞭,捷报频传。

(刘宏业)

美术校本课程评价之研究
——以美术欣赏课评价为例

现代社会面向全体青少年学生的美术教育,其目的是培养具有美术文化修养的广大民众。因为艺术修养是现代公民和现代社会所需要的复合型人才所不可缺少的素质,所以现代艺术教育的观念正发生着深刻的变化,不论是社会还是个人,都对学校的美术教育及其评价提出了要求。

以人为本的过程性考察评价体系,是建立在对应试教育环境下形成的评价体系反思基础之上的。应试教育环境下,美术校本课程评价重知识再现,轻能力应用;面向少数人升学的需求,忽视大多数学生的发展;追求卷面分数的显示,轻综合素质的反馈;考察方式单一,评价结果片面。很显然,这个评价体系没有建立在以人为本的教育理念之上。作为一门校本课程,高中美术欣赏课的开设,适应了我国素质教育的大潮,对其评价体系的探讨,可以看成是美术校本课程评价的一个缩影。

一、以人为本理念在美术欣赏课教学中的价值体现

以人为本教育理念在高中美术欣赏课教学中的价值,主要体现在如下几个方面。

1. 人文价值

高中美术欣赏课教学不是单纯的专门知识、技能的传授,也不仅仅是"视觉佳肴"的娱乐聚餐。欣赏课教学的一个重要目的,就是通过生动有效的过程引导学生感受、体验美术作品的独特语言、丰富内容和深刻内涵,去打动他们的心灵,接近他们的生活,使学生在欣赏美术作品的过程中表达自己的情感和文化追求,体验这一课程的人文价值。

2. 综合价值

在高中美术欣赏课的教学设计和实施过程中,应该力求突破本门类的专业文化范畴,使其与各类艺术学科和其他学科相互渗透、综合,学生通过这一门课的学习,可以在相关的领域,如语言、哲学、历史、文学、音乐等方面得到相应的启迪,体验这一课程的综合价值。

3. 创造价值

高中美术欣赏课的教学内容本身具有丰富的创造性,学生在观赏、表达、交流的活动中也具有丰富的创造空间,因此教学过程要为学生提供充分的个性化自我表达和发挥想象力的机会,让学生感受价值多元化并且深刻体验独创与认同的辩证关系,体验这一课程的创造价值。

4. 情感价值

高中美术欣赏课的教学应该是充满乐趣的,一方面提供丰富的感官材料和信息给学生,另一方面鼓励学生自由地参与艺术活动,让他们享受艺术学习的快乐和满足,使他们的身心和谐地发展,体验这一课程的情感价值。

二、以人为本理念下美术欣赏课评价的特点及其定位

1. 评价特点

一是由偏重量性评价转为强调质性评价。由于美术欣赏课程的人文性和综合性,严格、单一的科学量化评价方式反而显得不科学不完整,只有采用质性的评价,即针对教师教学和学生学习过程的综合的评价,才具有科学完整的意义。

二是由重结果评价转为注重过程的评价和在过程中的评价。表现为:(1)不以学生能否复述出量性的教科书的知识点为评判的标准,而是以有无深刻的感受为价值判断,单一的美术知识的积累,不如全面的对美术文化的体验与表达有意义;(2)取消标准答案,以学生自己的感受是否深刻,表达是否生动、独特为评价的依据;(3)以动态的评价取代静态的评价,注重学生的探索过程,而不是书面的学习结果。

三是由重单一单向评价转为全面多向评价。表现为:(1)评价的表达不是以分数的形式为主,主要是通过对话交流,收集分析学生发展状况的资料、用描述性和情感性的语言进行评价;(2)不是单向的教师对学生的评价,

而是学生对学生、学生对教师等多向的评价;(3)不仅是阶段的终结性的评价,更重要的是发展中的激励性的评价。

2. 价值定位

评价是整个课程教学的重要环节,它的价值定位如下。

一是学校和社会可以此验证高中美术欣赏课程实施的可行性、有效性及其在教育学上的价值。

二是教师可以随时验证教学计划和目标的实现情况,作为改进教学的前提。

三是学生通过这样的评价,能够及时了解自己已经达到的、期望达到的和能够达到的能力与水平。

四是有利于为学生提供支持和帮助,保护他们的创造火花,激发他们的创造天性。

三、以人为本理念下注重过程的评价和在过程中评价的初步实践

在宁海中学、江苏教育学院附属高级中学及南京市江宁高级中学等学校美术教师的配合下,笔者曾对高中美术欣赏课的评价体系进行了初步的实验研究。

1. 实验内容

(1)对学生发展情况方面的评价。在一节课、一个单元、一个学期的教学结束后,通过学生口头的和书面的作业以及学生间的相互评价,判断学生在对美术作品的兴趣和感知程度、人文素质、表述能力、情感因素等方面有无发展,发展的程度如何;学生经过高中阶段美术欣赏课的学习后,是否有能力和兴趣参与艺术活动,有无终身爱好艺术、支持艺术的意愿。

(2)对教学内容方面的评价。在教学实践中,通过教师和学生两方面评价教材质量及使用情况;评价教学目标能否反映社会对高素质人才的需求、能否满足学生对提高自己美术文化素质的要求;评价教学内容是否具有顺序性、多元性,是否适合学生的兴趣及能力。

(3)对教学方法的评价。教学设计有无创意;实施教学的过程是否有利于教学目标的实现,是否有利于学生积极参与、自主学习、实现自我;各种教学手段运用得是否恰到好处。

（4）对教师课堂教学的评价。这一评价不涉及对教师的优劣判定,而是从课堂教学过程来评价教师的做法。例如:组织美术欣赏教学是否有独到之处,课堂气氛是否生动活泼;是否善于记录学生在课堂活动中的参与和表现;能否对学生作出恰当的评价;能否巧妙涉及其他课程并为其他课程的学习提供支援。

（5）对学校有关方面的评价。高中美术欣赏课教学在学校教学工作中是否占有一席之地,能否得到学校领导和班主任及其他教师的支持与合作;给每一位在校生提供的接触和学习艺术的机会如何;能否经常组织学生参观美术馆、博物馆。

（6）对评价的评价。这是对评价本身的反思,它包括评价方法的可行性如何,结论是否准确,是否有利于学生保持持续的学习热情,是否考虑到学生个体的差异等。

2. 实验方法

（1）积累性评价。建立学生跟踪评价档案卡,这是记录学生学习全过程并重视学生自我评价的质性评价方法,由教师和学生共同填写。档案卡由三部分组成:一是学生对所学内容的简单概述;二是自己对作品的认识和思考,或者是对自己所参加的艺术活动的表述;三是自我评价和他人（包括教师、同学、家长）评价。建立教师授课录,侧重教学过程和效果的分析评价,由任课教师填写。

（2）阶段性评价。这是一个偏重阶段的过程性终结的评价方法,由学生填写的问卷和教师撰写的学生评价报告单组成。报告单在完成过程中可以和学生对话,以便把教师的评价反馈给学生,促进学生的发展。

（3）课内评价。这是在课堂教学的过程中,通过师生对话、学生口头和书面表达、自我评价和互相评价构成,以随机评价和口头评价为主。

（4）课外评价。利用城市美术文化资源,对学生参观美术场馆、搜集资料、接收信息的情况和撰写的观感文字、体会文章及研究论文的评价。

（5）有分数显示的评价和无分数显示的评价。有分数显示的评价为过程性的终结评价,由学生把握公开的评分标准,自己给自己打分,最后由教师审阅;无分数显示的评价,针对学生的一句话、一段文字、一次美术活动、一节课的表现、一篇文章或报告、一个单元或一个学期的发展程度等,以教师口头或文字评语为主,文字评语填写在跟踪卡和报告单上。

3. 实验结果

从在宁海中学实验的情况来看,参加实验的美术教师有5位,高一、高二学生1 200人左右,历时5个学期。每一学期收回可供分析的评价跟踪卡约占学生总数的75%,教师填写的有效的授课录占60%,收到有效的学生答卷、报告、论文占学生总数的30%,开评价实验课12次,来听课的教师共约400人次。实验结果表明:

(1)达到了预期目的。实验得到的资料显示,这一评价体系的内容和方法是建立在以人为本的观念之上的,它适应和满足了现代美术欣赏课教学的特点、要求,找到了一套较为科学实用的评价方式,而且这一方式本身就具有变化的发展的特性。

(2)过程性评价体系的价值得以实现。这一评价体系作为不断发展的信息来源,为教师和学生共同探索人的发展提供了有效的服务;它为学生了解自己的进步,保持学习艺术的兴趣和热情,激发创造欲望,锻炼想象力提供了有力的帮助;为教师了解学情、改进教学提供了可靠的依据;还为宣传美术教育的价值、促进学校和社会支持美术教育作出了直接的贡献。

(3)可行性与实用性得以彰显。实施这一评价体系,并不需要花费任何资金,也不需要对教师进行特别的培训,但要改变教育观念,了解评价方法,师生相互配合,学生协助教师。这一评价体系是符合我国城市高级中学的发展现状的,有利于开拓和发展我国城乡高中美术欣赏课的教学,有利于培养现代社会所需的复合型人才。

(4)适用范围较为明晰。过程性考察评价的适用范围类似于高中美术欣赏课开设的范围,目前主要是在城市高中和一部分发展较快的县、乡、镇高级中学,它需要一个大的社会环境(社会美术文化资源、家庭对素质教育的理解和支持、学生对艺术教育的需要)的支持,需要学校和领导的支持,需要一支称职的教师队伍。

(5)操作要点较为明确。要面向每一个学生的学习全过程进行质性的评价,因此评价是连续的、线性的,要有始有终,注意积累。教师要培养一批得力的学生助手,否则大量的评价是无法进行的;教师应该具有强烈的事业心,热爱美术教育,善于观察和记录学生在课堂上的表现并对其作出恰当的评价;教师应善于与学生交流,通过自己的评价使学生对美术欣赏保持持续的热情。

四、课堂教学中过程性考察评价案例

1. 课堂教学中的过程性评价选录

课　　题：认识美术（一课时）

教学目标：在逐步认识美术的过程中，锻炼学生在生活现象中研究、认识抽象事物的能力；了解美术的特点及其社会功能，激发学生欣赏美术作品的兴趣。

教学重点：略。

教学准备：学生预习教材、准备发言。其他略。

教学流程：提出问题—导入新课—讨论研究—归纳讲授—引出新课题，布置预习。

教学及评价过程概要如下。

第一部分：美术的起源及在人的生活中的重要意义。

【设问导入】　你们在购物时除了考虑商品的价格、性能外，还有哪些要求？面对优美的景色或画面，你有过愉悦的感觉体验吗？遇见擦肩而过的美丽形象，你会回过头去多看上一眼吗？请学生回答，与他们交流，并填写跟踪评价卡片，评价学生的生活体验和表达。体验和表达的评价分为一般、精彩、有独到的见解。归纳"美就在我们身边，生活离不开美术"，引出下一话题。

"美术是伴随着生活的开始而出现的"。首先请学生自己介绍美术的起源，探讨原始美术作品的功用、语言、本质意义，观看课件，完成对原始洞窟壁画的介绍。随机了解并评价学生的有关知识面、预习状况，包括知识的广度、深度，预习的认真程度。接着借用科学界"人类的原始时期好比我们个人的幼儿时期"的这一说法，转而再请大家谈谈自己在幼儿时期画画的经历，展示教师准备的幼儿绘画作品，在教师介绍与师生交谈的过程中理解：对形象的观察和表现，是每一个人的思维活动和精神生活的开启阶段。然后用感性的语言评价学生的表述（只对其长处和独特之处作赞叹的评价），激励学生确立一个信念：美术不是少数人的专利，在每个人的一生中，美术是表达认识的第一种形式，美术活动是人的创造性思维的培训地和加油站。

第二部分：美术的本质特点及其形式范畴。

板书"一事物的本质特点是区别于他事物的那些最根本的特征"。提问:美术与其他艺术有何不同,美术的本质特点是什么?学生讨论并推举代表发言。教师口头评价小组发言,肯定正确的,对不足之处提出质疑,在较好的答案基础上得出:可视性、造型性、材料性、空间性;作品存在形式有绘画、雕塑、建筑、设计,同时观看课件上的代表作品。紧接着请学生表达一下这些作品在自己情感、情绪上的触动,引出下一个主题。

第三部分:美术的主要社会功能。

请学生根据自己从日常生活、书籍文献、观看的作品中得到的信息来归纳美术的主要社会功能,通过学生相互评价,使那些能够从生活经验、文献资料中研究、认识抽象事物的学生获得成就感,借此启迪学生发展自己这方面的能力。教师板书最抽象的概念——"表现生活、使人愉快",并归纳完善学生的表述:美术作品是对现实生活的反映,使人通过感性认识获得理性认识(美术的认识功能);美术作品通过形象感染人,引起观者情感的共鸣(美术的教育功能);美术作品的形式美,给眼睛以愉悦、心灵以享受(美术的审美功能)。

【课堂小结】 评价全班,并当众记入教师授课录。

【布置作业与预习】 写一篇介绍美术的短文,题目自拟;思考怎样欣赏美术。

2. 学生跟踪评价卡摘录

学生跟踪评价卡

姓名:刘某某　班级:高一(2)班

日期	评价内容	自我评价	他人评价
9月5日	谈生活中的美术现象及自我的感觉。	平时没有有意地去注意,感觉也不够深。	教师:你的感觉还是很敏锐的,以后做有心人。
9月19日	介绍一件你所喜爱的陶艺作品。	我准备得很认真。喜爱的理由:有我自己的见解。	同学:太好了,我很受启发。教师:很好。说服力强、表达精彩,进步很快,请继续努力。

3. 教师授课录一则

教师授课录

班级：高一(5)班　课次：7　日期：4月6日　授课教师：徐明

教学内容	古典主义绘画欣赏——普桑、大卫和安格尔的绘画。
课时任务	了解古典主义绘画的时代精神、形式特点。在欣赏古典主义大师作品的过程中，进一步增长对西方美术及社会文化传统的认识。
教学过程概述	在学生已了解的历史文化基础上，师生共同回顾17世纪上半叶以法国为代表的社会文化背影的古典（希腊、罗马）绘画，观看古典主义绘画，找出两者之间精神内涵上的相承性；请学生讨论回答古典主义绘画在题材、形式、美学价值标准上的特征；欣赏代表作品，以学生介绍、分析、评论为主，师生评价、归纳、小结。
教学效果	对学生所掌握的历史文化知识程度了解不够准确，教学节奏不太理想，使得后半段教学展开得不够充分。

4. 问卷选录

以《西方绘画欣赏》这一单元为例。

《西方绘画欣赏》单元考察问卷
高一(7)班　桑某某

(1) 概述17世纪以来西方绘画发展的脉络。

17世纪以来的西方绘画经历了以法国的普桑、大卫为代表的古典主义和以德拉克罗瓦为主将的浪漫主义绘画；到18、19世纪又由库尔贝、米勒和列宾领导了现实主义绘画；19世纪在法国还出现了一批号称印象主义的画家，此后就发展到了后印象主义和现代主义，现代主义的风格流派众多，包括了抽象绘画。

(2) 名词解释。

古典主义——在美学标准上追求古代的崇高美，在题材上多以希腊、罗马的故事和历史事件入画，在形式上追求完美和古代的规范。

浪漫主义——反对古典主义漠视人的情绪表现，以现实生活中的重大事件为题材，画面充满激情，为以后呈现内心的表现性绘画奠定了基础。

现实主义——这是一个具有重要魅力的画派，它更贴近日常的生活，把平凡的劳动和大自然作为自己忠实表现的对象，库尔贝在《现实主义宣言》里提出的"不美化现实生活"是它的魅力所在。我最欣赏现实主义的绘画，如米勒的《拾穗》和《喂食》。

印象主义——19世纪在法国出现的以表现大自然光线色彩为主的画派。

立体主义——想把物体的每一面都画出来的现代画派之一,它打破了人们正常的视觉习惯。

抽象主义——随心所欲地画。

(3) 介绍评论一幅你所喜爱的西方绘画作品。

法国画家米勒的《拾穗者》是我最喜爱的西方绘画。画面描绘了19世纪法国农村收割后的田野,在地里弯腰拾麦穗的农妇;淡紫色的夕阳笼罩着金黄色的大地,温暖、宁静;三个上了年纪的农妇,被画得厚重、饱满,像浮雕一样;她们的衣着有点陈旧,但整洁朴实;她们的动作缓慢,默默无语,仔细地捡起每一粒麦穗;画家细心地画了地面的前景,使人仿佛可以听到脚踩在麦茬上的"嚓嚓"声,真不愧是现实主义的杰作。

看到这样的画面,不由地使人想起我国古代的诗句:"谁知盘中餐,粒粒皆辛苦。"当代社会不少人无度地挥霍资源,以为只要有钱就可以买到一切。像美国这个国家,人口只占世界的三十分之一,却要消耗全球资源的三分之一,且对环境造成极大的破坏,这是人性的异化和堕落。米勒的画在今天也有着深刻的现实意义。

据老师的介绍,米勒其实是一个会画画的农民,所以他才能对淳朴自然的田园生活有如此深刻的理解和热爱,才能画出如此美丽动人的绘画。

教师评语:太好了!你介绍得具体生动,评说动情感人,有自己的再创造。更可贵的是你还能够把欣赏绘画和"惜物"的生活态度、强烈的环保意识结合起来,使我很受感动!请继续努力,你一定会成为情感丰富、知识渊博、想象力强的创造性人才。

5. 评价报告单选录

姓名:胡某某　班级:高一(6)班　教师:徐明

本学期学习内容	中国美术欣赏——工艺美术、雕塑、绘画、建筑艺术。	
自我评价	学习态度好,能认真做课堂笔记。关于《清明上河图》的小论文准备较充分,成绩优秀,得到老师和同学的称赞。对工艺美术和建筑艺术关心了解得不够,成绩一般。上课发言表达不如别人,我还要多锻炼。	
教师评价	总　评	学习认真,卷面成绩好,能与同学合作讨论研究问题,对美术欣赏有持续的兴趣,学习美术知识的能力有较快的提高。 等级:优秀。
	课堂表现	能积极参与讨论。发言水平有待提高,准备还要再充分一些,注意锻炼说话的逻辑性,其实是锤炼思想的严密性。
	课堂笔记	记录认真,字迹清晰,内容完整,有时还有自己的见解,很可贵!
	赏析文章	正像你自己评价的,《清明上河图》的赏析小论文写得的确很好,有自己的观点。看得出来你下了很大功夫,继续努力,争取好上加好!
	利用资料综合分析	这一点你做得也不错,能够从不同的地方搜集有用的,并把他们有效地运用到你的研究中去。本学期能去参观一次美术馆,我很赞同。今后有好的美展,可多去看看,别忘了还有南京博物院是很值得去看的。

(徐　明)

◎课程之美

美术校本课程的实践探索

宁海中学通过突出其美术的特色,以实现学校、教师、学生的共同发展。从 20 名学生到 1 000 余名学生,从对高中美术校本课程的懵懂认识到缜密思考课程内涵和品质,宁海中学教师经过逐步的实践、摸索,形成了三个不断丰富、不断完善、不断发展的阶段,即美术教育、艺术教育和美育。

一、宁海中学美术特色的形成与发展——美术校本课程建设的历程回顾

1. 第一阶段(1986—1997 年),美术教育

这一阶段从 20 世纪 80 年代中期开始。当时学校艺术教育的状况远远滞后,原因是教育的主管部门没有充分重视学校艺术教育。而另一方面,美术教育有很大的市场需求,当时的学校领导集体审时度势,抓住了这一矛盾,与南京艺术学院领导共商宁海美术教育的大计,以美术校本课程的开发为突破口,创办宁海中学高中美术班,抢占学校发展的制高点,以此引领学校的发展。

这一阶段对宁海中学美术课程产生重要影响的大事主要有:

1986 年 5 月,与南京艺术学院合作共商宁海中学美术的校本课程开发,决定创办宁海中学美术班。

1986 年 12 月,请南京艺术学院、南京师范大学来校举办首届宁海中学美术教育研讨会,提出宁海中学在新时期美术教育的理念和目标。

1989 年 11 月,首届美术班毕业。为总结经验,更高发展,在每年小型研讨会的基础上,召开第二次大型高校、宁海中学美术教育联合研讨会,并函请了省美术出版社领导、省市画院领导和部分专家参加。

1995年,美术班十周年活动,内容丰富,包括研讨会、艺术家与学校师生的联欢笔会、学生作品展览等,还编辑出版《艺梦初圆》画册。

1997年,全市中小学生美术书法比赛在宁海中学举行,学校美术教育成果向全市参赛的中小学生及其家长全面开放,并广泛征求学生和家长的意见、建议。

这一阶段主要开发美术教育课程:美术班专业课程、普通班美术文化课程和业余兴趣美术活动课程,如下图所示。

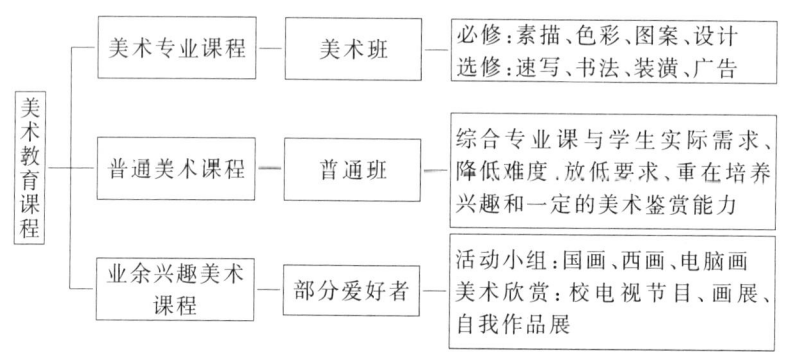

美术教育、校本课程结构示意图

美术专业课程:其培养目标十分明确,输送成批量的高质量的艺术院校生源,使学生能顺利考入各级各类美术院校或大学艺术系科,为国家培养美术专业人才及未来的美术文化创造者提供优质的服务。课程开发的立足点是主要以国家课程为基础,结合本校实际进行调整,重点在传授美术专业基本知识和基础技能上。

普通美术课程:这一课程是面向全体学生的,其目的是为社会培养具有一定美术文化品位、高尚情操的新时代公民。因此,这一部分的校本课程是以学科性和学生自主发展的需求相结合为宗旨,并且具有较明显的阶段性特征。

业余兴趣美术课程:为满足广大学生的不同兴趣特点的需求,学校配合素质教育的大环境,成立了西画、中国画、书法、摄影、工艺设计制作、电脑美术等业余美术活动小组,并设置了相应的课程,丰富学生的精神生活,丰富校园文化,以培养学生的兴趣爱好,促进学生的自主发展为课程目标。因此这部分课程更为丰富灵活。

2. 第二阶段(1998—2002年),艺术教育

1998年,接受上级考评,考评过程极大地推动了宁海中学美术教育校本课程的建设。

1999年和2001年两次全市中小学生美术书法比赛在学校举行,宁海中学美术教育成果向社会及其家长全面开放,赢得好评。

2001年11月,宁海中学成为清华美院首批美术生源基地实验学校。当时全国只有10所美术教育卓有成效的中学成为清华美院的生源基地学校,宁海中学是华东地区唯一入围的一所。

2011年12月,宁海中学成为江苏省首批学科(美术)课程基地学校,是全省美术学科唯一入选的学校。

这一阶段宁海中学特色发展跨上新平台。为适应学校特色与整体协调发展的要求,宁海中学将美术教育的校本课程的育人功能进一步拓展,将美术教育拓展为艺术教育,并将艺术教育的功能定位于四个方面:

一是让学生掌握艺术的基础和基本技能,并了解人类艺术发展的历史和优秀的艺术作品,使他们具有艺术审美的基本能力;

二是通过艺术课堂教学和课外艺术活动,在学生亲身参与的艺术审美活动中有效地培养和提高学生的审美趣味,净化心灵;

三是通过学习和欣赏优秀的艺术作品,有效地激发学生的爱国主义情怀,珍惜中华民族的优秀传统文化,培养民族自信心和自豪感;

四是以艺术教育特有的方式,开发学生潜能,展示个性,培养创造精神和实践能力。

这一阶段的课程结构如下图所示。

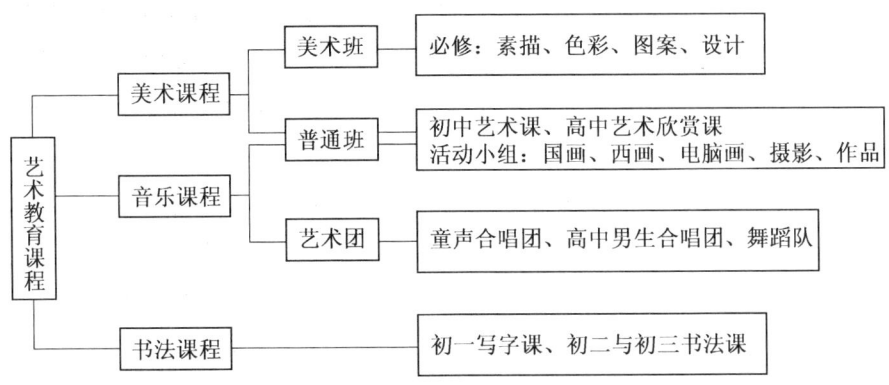

艺术教育校本课程结构示意图

合理的课程结构是开展艺术教育的有力保证,宁海中学在长期办学实践中,经过不断摸索,反复论证,广泛吸取经验,制订了符合学校实际的艺术教育课程结构。

宁海中学根据自身的教学实践特点,精心选择或修订适合自身特点的教材,教法上更是注重艺术教育的特征,风格自成一体。

艺术教育教材包括学科性材料、选修课教材、活动课教材和高中美术班教材。

学科性教材:以省编教材为主,结合宁海中学发展特色教育要求,对部分内容进行适当调整,增加选择教材的灵活性,更加注重学生学习的主动性和创造性。如美术教材增加美术欣赏,有意识地培养学生美术欣赏能力;书法教材增加硬笔书法和字帖选择的范围。

选修课和活动课教材:列出教学目标、课时计划、教学内容,编出符合教学层次要求和学校特色的校本教材,在教学实践中不断调整、不断完善。

高中美术班教材:对实践中的教学大纲、教学计划、系列教案,不断补充和修订,已形成具有合理知识结构、高层次、高效益的自编教材,以满足高层次美术专业人才的培养需要和因材施教的需要。

宁海中学关注科学的艺术教育和人才观,不仅积极进行课程改革,而且更加注重教学艺术,重视教学的形象性、情感性和创造性,改革封闭的教学方法;重视艺术教育条件的创设,让校内专用画室与校外艺术教育基地结合起来;让艺苑与校园景点结合起来;让传统艺术教育设施与现代教育手段结合起来,努力拓展学校艺术教育的空间,推动素质教育的全面实施。

3. 第三阶段(从 2002 年开始至今),美育校本课程

这一阶段面临新课程的实施,宁海中学的办学理念更加强调以人为本,促进师生的共同发展。课程改革是基础教育改革的核心,美育是课程改革不容忽视的一个重要方面。新课程改革如何渗透美育思想,美育在课程改革中应该发挥什么样的作用,这也是一个值得认真研究的问题。美育在课程改革中是大有可为的,无论是哪个学科,其学科目标、教学内容、教学形式与方法、教材编排等都应该追求美,真正做到让美的内容陶冶学生情操、启迪智慧;让美的方法吸引学生参与、激发求知欲望;让美的课本给学生以美的享受。学校美育的首要任务是提高学生审美能力,使学生养成健康的审美情趣和生活方式,进而促进学生德智体美等方面全面发展。而这一重任,仅仅让学校艺术课程来承担是不可能实现的,学校各个学科都要承担起应有的责任。艺术教育是学校实施美育的重要途径,但如果仅仅停留于技能传授和特长的培养上,忘记了美育的宗旨,就达不到美育对教育者进行人格培育和心灵建设的目的。因此,宁海中学又将艺术教育的校本课程拓展为美育教育。这一阶段尚处在探索阶段,首先就要解决提高对美育认识和理解的问题。

怎样看待艺术与科学、怎样看待美与创造、怎样看待美育与人,这些都是今后要亟待解决的重点问题。宁海中学校对美育校本课程的设计如下图所示。

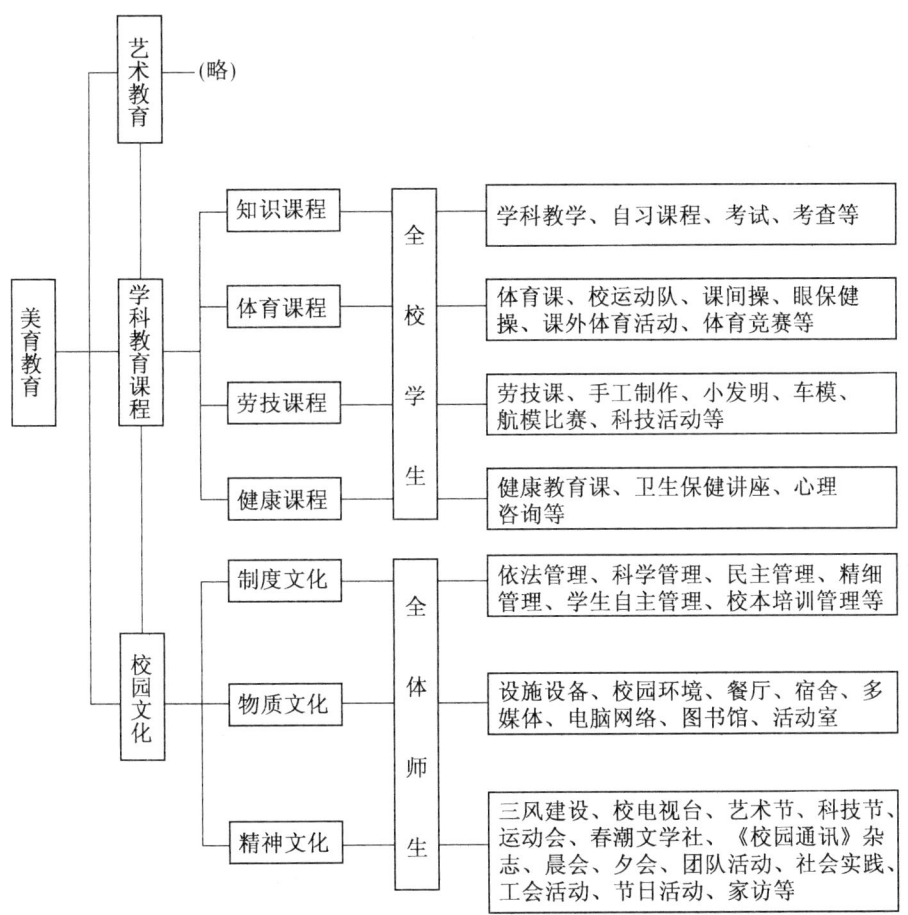

美育教育校本课程结构示意图

二、宁海中学美术校本课程的文化特色

1. 三个维度,关照特色

历史维度。宁海中学的美术教育有着光荣的传统,从刘海粟先生的执教讲演到曾联松先生的国旗设计,都给后人留下深刻的印象。1986年改革的春风又绿了这块富有文化底蕴的教育园地。宁海中学在全省首创高中美术班,学校美术教育也在省内外发挥着实验、示范和辐射作用。近几年来,宁海中学坚持"多元发展、文化育人"的办学思路,不断打造美术教育的特色品牌。美术班的同学几乎年年都取得全省美术统考第一名,并有一半的学生进入全省前10名的好成绩。他们进校时没有一人达到南京市中考总分前200名,但通过三年的努力却有28名学生被清华大学录取,数百名学生从这里走进中央美院、中国美院等著名艺术高校,另有数百名学生选择了复旦大学、南京大学、同济大学、上海交通大学等综合性大学的艺术设计等实用型专业。卓越的美术教育成绩使宁海中学成为全国基础教育领域美术教育的四大名旦。前国家教委体卫艺司杨力、杨瑞敏司长视察学校时,给学校美术教育以极高的评价。

区域维度。宁海中学所在的鼓楼区是南京政治、经济、文化、教育的中心,是江苏省委、省政府所在地,是一个古典与时尚荟萃、历史与现代交融、精致与美丽映辉的宝地。区委、区政府崇尚"区域空间有限、科学发展无限"的发展理念,努力打造"精致鼓楼、特色鼓楼"。区委、区政府十分重视宁海中学的美术教育,把特色教育作为特色鼓楼的重要组成部分。

时代维度。刘延东同志在部署2010年重点工作时强调,"要着力推进教育的内涵发展、公平发展和特色发展"。"特色发展"的提出,标志着改革开放以来,我国基础教育走上了一条"重点发展—均衡发展—特色发展"的道路,这也为宁海中学的进一步发展提供了更大的发展空间和政策支持。

2. 三大转向,提升特色

在新的发展时期,怎样进一步提升学校的办学特色,宁海中学面临着战略选择。宁海中学在认真研究国际、国内教育发展的形势并结合自身的办学现状的基础上,确立了自己的"三大转向"。

"规模化"向"精品化"转向。宁海中学学从办美术班之初的20多人的规

模已发展到每个年级均300多人的规模。对照要为国内外一流美术院校输送创新人才的需求,学校要从"规模化"向"精品化"转向。

"引领全省"向"支撑全国"转向。作为全国基础美术教育领域的四大名校,宁海中学必须强化师资队伍建设,争取实行在全国范围内的招生机制,创造条件探索"六年一贯制"的办学体制,争取迈入全国三甲行列。

"国内标准"向"国际标准"转向。宁海中学必须在每年都有数百人考取中央美院、清华美院、复旦大学、南京大学等全国一流高校的基础上,努力向伦敦艺术学院、巴黎美院、佛罗伦萨美院、英国皇家美院、俄罗斯列宾美院等世界一流美术高校输送更多的创新人才。

3. 三层机构,文化特色

全国和全省教育工作会议召开以后,在市区教育局的谋划和指导下,宁海中学又积极构建金字塔型的美术教育框架:"金字塔的底部要求是班级实施美术校本课程,班内人人都具有美术欣赏能力;金字塔中部要求是班级都有美术兴趣小组,组内人人都有美术创作能力;金字塔的顶部要求是班班都有美术专业的特长生,特长生人人都能举办个人画展。"使美术教育成为所有学生受惠、所有学生彰显文化特征,完成"学校特色"到"特色学校"的转变。

三、美术校本课程管理实践的反思

1. 美术校本课程人员管理

对于一所拥有1 000余名美术班学生的学校来讲,美术教师队伍建设是一项极为重要的工作,美术校本课程人员管理是一个重大的课题。宁海中学在30年的美术特色教育发展过程中,随着办学规模的不断扩大,也摸索出了美术校本课程人员管理的有效措施和经验。

目前,宁海中学三个年级美术班学生逾千人,拥有在职美术专职教师10人,外聘教师20人。在职教师加上专业能力强、教育教学水平高的2名外聘教师每年5月接手新高三年级的专业教学,其余18名外聘教师任教高一、高二年级专业课。另外,宁海中学邀请省内外书画名家20人担任美术教育顾问,有计划地安排书画名家开设丰富的校本选修活动课程。面对这支庞大的美术教师队伍,宁海中学一直坚持以在职教师为核心,以名师为引领,以书画名家为指导,制度管理与人文管理相结合,学生发展与教师发展相促进,管理部门与美术教研组相配合的管理思路,科学有效地做好美术校本课程的人员管理。对于在职教师,宁海中学以特级教师、教研组长、省市名师为榜样,鼓励在职教师做好毕业班教学工作,获得专业发展,实现自我价值;对于外聘教师,学校始终没有把他们当成外人,一直把外聘教师看作是自己人,关心他们的生活、学习和工作,安排参加各类教职工活动,让外聘教师在宁海中学工作中感受幸福,享受成功;对于书画大家,宁海中学尊重他们的需求,有选择地、恰当地安排好课程。

宁海中学的人员管理井然有序,但也面临巨大的挑战。目前突出的问题是师资不足,无法引进专业水平能满足宁海中学学生需求的各大美院的优秀毕业生。同时,专业教师专业水平参差不齐,从而影响质量提升也是一个课程管理永恒的话题。

2. 美术校本课程资源管理

目前,宁海中学美术校本课程资源主要来自三方面:一是学校在职教师开发的面向全体学生的校本选修活动课程资源;二是宁海中学自主开发的美术班专业校本课程资源;三是书画名家提供的各类艺术欣赏课程。这些课程对于一所普通高中来说已是相当地丰富多彩了。

课程资源管理主要的任务是在高中三个年级段中合理有效地组织充分的课程,满足不同美术基础、不同发展需求的学生群体的需要,开好课程。应该讲宁海中学当前在课程资源管理方面是全省普通高中的领跑者,是全省唯一的美术课程基地,其美术课程纲要、美术校本课程开发与管理具有示范性。

但是,宁海中学在普通高中美术特色教育发展到一定高度、办学规模发展到目前程度下,也时常感受到校本课程资源管理的挑战越发严峻。现有资源如何再整合?如何与时俱进,满足学生新增的课程需求?资源管理上如何创新?种种问题要求宁海中学不断开拓,探寻资源管理策略,走出新路,走出新意。

3. 美术校本课程时间管理

宁海中学美术校本课程的时间管理是宁海中学的一大特色。宁海中学的高一学生每周上8节专业课,高二下学期开始增加到16节直至高三。在这个过程中,宁海中学的校本课程时间管理始终保障了学生美术专业与文化课学习同步发展,最终赢得好成绩。

在江苏现行高考模式的背景下,随着近几年美术高考命题的变化,课程的时间管理也经受了一次又一次的拷问。

4. 美术校本课程制度建设

完善的制度是提高教育教学效率的有力保障。宁海中学的美术校本课程制度完善。在《校本课程实施方案》的统领下,在《校本课程实施细则》的要求下,在《校本课程纲要》的指引下,宁海中学的校本课程得以有效地实施。面对变化与挑战,宁海中学始终努力抓好制度建设。然而,制度又不是万能的。没有一个制度可以让所有的人都满意,都心甘情愿地完全执行。所以,探寻学校有效的校本课程的制度建设仍然是一个亟待解决的问题。

(唐文勇)

美术教学中的问题超前设置与生成

教与学的关系问题,历来都是教学过程的本质问题。教学是教师教与学生学的统一。作为学习活动的主体,学生的学习活动是影响学习结果的决定性因素。新一轮基础教育课程改革把学习方式的转变提到一个相当的高度来强调,强调改变原有单一、被动的学习方式,建立和形成旨在充分调动、发挥学生主体性的多样化的学习方式,促进学生在教师指导下主动地、富有个性地学习。学习方式的转变成为本次课程改革的显著特征。课改后,学校的课堂教学发生了根本性的变化,其中学生学习活动的变化是其主要方面。

一、新课程背景下的美术课堂教学

新课程把教学过程看成是师生交往、积极互动、共同发展的过程。在这个过程中教师与学生分享彼此的思考、经验和知识,交流彼此的情感,丰富教学内容,求得新的发现,从而达到教学相长和共同发展的目标。交往昭示着教学不是教师教、学生学的机械相加,而是互教互学,形成一个真正的"学习的共同体"。教师不再仅仅去教,而且也通过对话被教,学生在被教的同时,也同时在教。对教师而言,交往意味着上课不仅是传授知识,而且是一起分享理解、促进学习。

中学美术是一种人文课程,美术教学的任务不仅仅是向学生传授丰富的知识,更应注意培养学生对美术学习的兴趣,提高学生的审美情趣。同时还要兼顾美术与其他学科之间的联系,使学生身心得到全面发展。在整个教学设计和教学过程中,不同的教师会有不同的风格、应变策略、处理技巧。在教学中对教学策略的机智把握,与教师深厚的教学底蕴和个人素养至关重要。但不管如何,教师的教都必须以学生的发展为本,如果在教学中忽视了这个因素,就是对教学中人文内涵的忽视。所以在新课程背景下,教师要不断反思学生的认知规律,提高教学的有效性,教师要不断通过反思、设计丰富的学习活动,研究教学中的课堂提问,让学生参与进来,为学生搭建展示的平台,为学生创设多样的体验成就感的机会。

二、备课环节的问题设置

备好课是上好课的前提和基础,备课必须建立在对所教地区、学校、班级不同学生的总体素质、文化层次、学习进度、学习态度等全方位的实际了解。教学方案的设计主要包括教学目标、重点难点、教学过程结构三个主要部分。教学设计应将方法手段自然融合于整个过程,紧紧围绕教学目标的达成和重难点的化解展开。

问题是科学研究的出发点,是开启任何一门科学的钥匙。没有问题就不会有解释问题和解决问题的思想、方法和知识。所以说,问题是思想、方法、知识的积累和发展的逻辑力量,是生长新思想、新方法、新知识的种子。产生学习的根本原因是问题,没有问题也就难以诱发和激起求知欲,没有问题或感觉不到问题的存在,学生也就不会去深入思考,学习也只停留在表层和形式上。所以问题的设置在教学设计中具有十分重要的地位。教师站在学生的角度设置的问题,设计一些能引起学生好奇心的问题,往往能快速调动学生的兴奋点,让学生对课堂教学产生兴趣。

新课程学习方式特别强调问题在学习活动中的重要性。一方面强调通过问题来进行学习,把问题看作学习的动力、起点和贯穿学习过程中的主线;另一方面,它强调通过学习来生成问题,把学习过程看成发现问题、提出问题、分析问题和解决问题的过程,关注学生问题意识的形成和培养。问题意识是指问题成为学生感知和思维的对象。从而在学生心里造成一种悬而未决但又必须解决的求知状态。问题意识会激发学生强烈的学习愿望,从而注意力高度集中,积极主动投入学习;问题意识还可以激发学生勇于探索、创造和追求真理的科学精神,没有强烈的问题意识,就不可能激发学生认识的冲动性和思维的活跃性,更不可能激发学生的求异思维和创造思维。

三、美术教学中问题的超前设计——激趣、启思

许多青年教师由于缺乏实践经验,在备课时常常将课程设计的重点放在讲解和作业完成的内容方面,而忽略了教法学法的设计。课改前的许多课堂教学大都局限在教师的一言堂的讲授法,把学生当作接受知识技术的机器,教师关注的是课本知识,忽略了学生的学习行为,无法组织学生参与学习活动,缺乏人文精神,极大地阻碍了学生的进步和健康发展。

【案例1】 无超前预测设问的教学

(一)教学目标

(1)认知领域:了解中国现代重要的国画家、油画家及其优秀作品。

(2)操作领域:了解基本常识,通过讨论、陈述、发言等形式,能够掌握名家作品艺术表现手法、思想内涵。

(3)情意领域:提高欣赏能力并对我国现代国画、现代油画成就有正确认识,增强民族自豪感,为拓展艺术认知领域打下基础。

(二)教学内容

(1)教学重点:中国现代国画,现代油画部分代表作品。

(2)教学难点:同种绘画的多种表现手法;中西方艺术的融合。

(3)建议课时:1~2课时。

(三)教学过程与方法

1. 教学活动的方式与方法(列举2种)

A 例

(1)课前准备。

教师准备:相关图片,文字资料,最好有实物画作。

学生准备:课前预习,了解画家及其作品,做好发言准备。

环境准备:学生4~6人为一小组,排好座位。

(2)教学思路。

通过引导学生对单张作品的欣赏,及多张作品之间的比较欣赏来了解绘画作品的特色、韵味,激发学生的审美情趣。可以采用学生讨论、辩论、阐述观点的方式来完成。赏析的范围是围绕画作,涉及历史、人文、民俗、文学等各个领域。

B例

(1) 课前准备。

教师准备：多媒体课件，学校局域网、因特网资源。

学生准备：课前预习，做好发言准备。

环境准备：能上局域网和因特网的微机教室，学生一人一机，教师主机等设备。

(2) 教学思路。

运用多媒体及互联网教学，课堂信息量大，学生可看到的图片、文字资料多，更有利于他们发表观点、掌握知识，教师要做的是提纲挈领，控制全局与课程思路。

(3) 课后拓展。

可以根据实情，让学生撰写赏析小论文；尝试泼墨泼彩的画法；有组织地带学生参观美术馆等。

2. 解决重点与难点

(1) 解决重点。

可以根据课时情况，选择画作进行赏析。

(2) 解决难点。

通过比较的方法来赏析，分析不同的绘画技法，不同的画面效果，不同的画内意境等。

(3) 学习中可能出现的问题及解决方法。

让学生能自由发表见解，课前的预习很重要，教师可以建议学生去查看哪种书籍，浏览哪几个网站、网页，可以找到相关内容。

这样的教案设计，尽管教案内容很规范，条款很清楚，重要概念和知识点表述准确无误，但师生互动的具体操作方法不明确，关键处无设问，在课堂教学中的随意性可想而知，由于缺乏设问设计，讲课方式的吸引力可想而知。

1. 课堂初始的问题超前设计——激趣

一节好的美术课，教师应能课前切合实际设计课程，对于教学过程的开端，即导入部分对一节课能否成功与否，具有十分重要的意义。俗话说："有了良好的开端，就等于成功了一半。"一个十分有经验的教师，导入方式变化多端，形式多样。好的导入方式对于整节课有一个引领作用，特别是课改之后,强调新的学习形式,师生要频繁交流,体现了教师为主导、学生为主体的教学形式。设问的激趣和启迪作用,很好地激发了课堂教学氛围,将学生带入学习的情境。美术课一般教学设计的导入方式大致有:(1)实物展示导入;(2)图片展示导入;(3)录像短片导入。同时,配合实物等的出示,提出问题。

一节课开端的问题设计十分重要。好的问题,超前预设,其中包含着教师本人对本节课教学目标、重难点和学情的综合把握,体现了教师对教材的熟悉程度。

【案例2】 有超前预测设问的教学

(一)组织教学、导入新课

师生共同欣赏浏览美术作品《插秧》《渔归》《收获》《拾穗者》……

师生发现:以上作品既有少儿创作的习作,也有世界名画;既有国画、油画,也有剪纸、雕刻。

随机问:它们表现了一个怎样共同的主题？学生答。

引入课题——劳动(板书)。

从各种表现形式的作品展示,直观刺激学生视觉、引起大脑的分析思考,随机提问(问题浅显)显得自然,从而自然地揭示了本节课的题目"劳动"。

(二)教学导入

以礼品导入教学。

师:同学们,这节课我带来一件比较大的礼物,它可以代表我们徐州文化特色,你们能知道这是什么吗？

学生猜测思考。

师:打开前,我想提几个思考问题。

(1)这件礼物它有年龄吗？有多大年龄？

(2)它的造型如何？

(3)它有颜色吗？它的背后有什么故事？

这节课的开头设问,能引起学生极大的好奇心。

看似简单的导入设问,却强烈地吸引了学生的注意力,以启发思考为导入调动了学生的求知欲望,对礼品展示后的判断制造悬念。这种并列问题的设置,很好地取代了开门见山、一言堂的教学导入形式,同时也是对学生认知水平的一种预测。当学生回答完问题之后,教师及时归纳纠正、补充,很好地避免了教师预设的讲解内容与学生认知水平的落差的矛盾。

2. 课堂进程中的问题设计——启思

课堂提问正是启发思维、调动学生学习兴趣的好办法。长期以来,课堂教学往往急于求成,直奔主题,缺乏旁敲侧击,问在此而意在彼。设问动人,情趣盎然,且思维的拓展,容易激趣,以问引问,引导启发学生发现问题,提出问题,从而解决问题。

【案例3】 《韩熙载夜宴图》作品欣赏(片段)

师:组织讨论,南唐危难之际,为什么韩熙载还经常夜宴宾客歌舞?

师:为什么有一女子躲在屏风后面听,不在厅堂上倾听音乐?

四、美术教学中设问的生成能动性

教学过程是师生互动、共创共生的过程,教学过程不可能完全按照备课的预设进行,所以,在美术课堂教学过程中,在问题预设的基础上,还必须结合教学过程中各种实际情况,不断生成问题,解决问题,超前设置与教学实际操作中的矛盾。

【案例4】 王式廓的《血衣》作品赏析

首先让学生采用朗读画的方式,结合自己搜集的信息进行画面分析。

(1)这张作品画的是什么内容?

(2)你对这张作品感受如何?

(3)你能从美术语言上分析作品的作画方法和特点吗?

然后,进行初次的师生交流,学生的回答最多的是他们在画面看到了地主和解放军,还有右边一大片的斗地主的农民,表现了翻身站起来的农民向地主声讨血债的过程。

根据学生的回答,进一步开始提问:

(1)画面中的血衣在哪?

(2)是谁的血衣?她的神情、动作怎样?

(3)是谁制造了这件血衣?(地主)

(4)地主的表情、动作是怎样的?为什么?

在教师的引导下,学生详细地分析了画面中主要人物的神态、动作和痛苦的心理,获得如下信息:

一位妇女两手高举着一件血衣,血衣的主人可能是她丈夫或孩子;妇女的脸尽管转了过去,看不见她脸上的表情,但能感受到她失去自己亲人后的悲痛欲绝;制造这件血衣的地主,正低着光亮的脑袋,一扫以前的嚣张……

为了让学生进一步揭示主题,我又设计了一组问题:

(1)画面中有一位站着的、手拄拐杖、双目失明的老奶奶,她的表情是怎样的?手指着谁?为什么?

(2)老奶奶右边的农民手里拿着什么?有什么表情?为什么?看着谁?

(3)瘫坐在地上的青年农民,身边的拐杖意味着什么?看着谁?

(4)画面最右边一位拿枪的农民,表情怎样?表达了怎样的情绪?

学生根据我的引领、提问进行了回答:"老奶奶尽管双目失明,但她的手指向地主,在向地主控诉;老农民手里拿着卖身契,憨厚老实,为地主做了大半辈子的工到头来却一无所有;被地主打断腿的农民坐在地上,看得出他内心的痛恨……"

教学进行到此,通过教师的引导,学生一边分析画面,一边接近画的主题:

"表现了农民与地主之间的尖锐矛盾","翻身的农民向地主讨还血债","表现了旧中国地主对农民毫无人性的剥削和迫害"。

结合教师为学生提供的大量的画面信息,再加上课前布置学生查找有关董希文和这幅画的时代背景的信息,再播放了一段歌剧《白毛女》的片段,为学生提供情感上的信息。当学生们看到影片中杨白劳和喜儿血泪的控诉,无不为之动容。当我看到部分学生湿润的双眼时,我感到情感信息的传递极大地丰富了学生对作品主题的认知。那么,对作品的绘画语言如何把握?

绘画语言和绘画主题、内容相辅相成,这是作品的主题、情感等信息得以真实、生动传递的重要保证。在美术欣赏中,我始终以为它是学生解读作品的工具,尽管学生不需要去驾驭绘画语言,但学生必须要去认识、理解绘画语言。教师自身对绘画语言、方法的把握程度,既反映了教师的专业能力,又决定了教师引导学生认知绘画语言的程度。这是美术鉴赏过程中的课程特征,是其他学科教师不可替代的。

在《血衣》的赏析中,通过教师设问,分析画面情节,引导学生揭示主题之后,我没有简单地说教,而是给每个学生发了一张《血衣》绘画语言的分析表:

	表现手法	和主题的联系
画种	素描	油画创作草图
画面构图	横构图、宽幅	充分表现大场面、突出效果
明暗效果	对比强烈,整体和局部的和谐统一	黑白艺术的魅力、进一步加强主题的悲剧色彩
空间关系	远、中、近三个层次符合人的视觉	真实、身临其境
造型特点	刻画精细入微,传神	揭示人物的表情、动作、心理
肌理	炭笔加油画布形成深厚之感	朴素的感觉和主题紧密联系
绘画风格	写实	写实的艺术再现真实的生活

请学生进行填写,然后再把自己填写的表格通过课件展示出来。请学生进行比较和交流,使得学生较好地获得这张画的绘画语言的信息。

课堂情景是不可以完全预测的。课堂是师生知识共享、情感交流、心灵沟通的地方。课堂还是动态存在的,即使教师备课再充分,超前设问设置考虑再周到,也难以预测到课堂中会出现的形形色色的情况。教师和学生的心态在变化,知识经验的积累状况也在变化,要求教师根据变化不断调整自己的行为。对于原先设置好的一些仅认为十分有针对性的问题,要随着教学过程中的学情变化而变化,这是对教师教育智慧的挑战。设问在教学过程中,和师生智慧在共同碰撞中不断生成、发展。因此,超前预设问题具有生成的能动性。以层层针对性的设问,使教学层层展开,教师对原先预设的问题随着教学的进展,随着学情的变化,灵活调整,这样才能更好地解决设问与学生的认知两方面的矛盾。

(陆长根)

主题性鉴赏教学中的学生活动设计

美术鉴赏是一种特殊的精神活动,即对美术作品进行由表及里的充分感悟的过程。但美术鉴赏教学的教材内容丰富,知识蕴含量大,给教师的备课和教学带来较大的难度。很多教师由于对课堂教学目标的理解狭隘,使得"教"与"学"均停留在使学生获取知识这一层面上,常用的办法就是满堂灌。教师在课堂上滔滔不绝,学生在下面昏昏欲睡。学生缺乏积极参与的习惯意识,创造性思维更无从谈起。《基础教育课程改革纲要(试行)》中特别提出了要把转变学生学习方式作为课程改革的重要任务,要求通过课改促进学生在教师的指导下主动地富有个性地学习。鉴赏教学如果没有学生参与,课堂将会如同一潭死水。学习方式对学生的学习结果具有决定性的影响。改变过去的学习方式是鉴赏课有效的关键,同时也是学生健康成长和潜能得以发展的客观需要。因此,主题性鉴赏教学的结构、内容、设计应将学生的学习活动放在重要的位置上进行考虑设计。

一、情境引入式的鉴赏教学活动

好的开头是上好一节鉴赏课的关键。课堂导入的形式很多,教师应注意讲究导课的艺术,必须慎重地对待导入形式的创造性和灵活性,如短小的故事、有趣的新闻、富有哲理性的格言警句,乃至一个实物,甚至一条消息都可以化为引入课堂的内容,将学生带入学习的情境,并且还有利于开启学生思维的门扉,让学生一开始就专注在教师的引导下,在情趣盎然中进入对新知识的求索过程。

【案例片段1】

《现代雕塑》的鉴赏课,引入新课的方式如下。

由复习古代雕塑引入,让学生回忆旧知识,提问古代雕塑的特点是什么?从而引出课题——《现代雕塑》。

《走进抽象艺术》的鉴赏课引出课题的方式如下。

教师:由于受传统审美心理的影响,我们常用"栩栩如生"这样的词汇来称赞我们认为好的作品。(通过提问,同学再补充几个"栩栩如生"的近义词,如:惟妙惟肖、形象逼真、活灵活现……)我们现在从画册上、展览中看到的许多外国现代绘画作品,其中包括世界艺术大师的作品,却再也不能用"栩栩如生"这个标准去衡量了,有的画得不像,有的让人看不懂。是不是没有具体形象的作品就不是优秀的艺术作品?应该怎样来观赏?教师又播放贝多芬的音乐,让学生去感受,说出他们的感觉,说明音乐既然可以通过没有具体形象的声音而为人们所接受,那么也可以用色彩和线条来组成有审美意义的画面。

这种由成语的相反意思提问,得到学生的呼应,再加上音乐的欣赏感受直接让学生的思维集中在对点、线、面的抽象绘画形式的欣赏方面。

《希腊罗马美术》鉴赏课,组织教学导入方式如下。

教师首先以音乐导入,播放2004年雅典奥运会开幕式中希腊雕塑文化展示的部分,吸引学生注意力,激发学生的兴趣,将学生自然引入新课的学习情境之中。情境导入教学活动具有形真、情切、意远的特点,平面、立体形象相互交汇,使学生如入其境,可见可闻。

教师创设生动形象的情境目的在于激发学生的学习情绪,连同教师的语言、情感,教学内容以至课堂气氛成为一个广阔的心理磁场,从而促使学生更加主动积极地投入到整个学习活动的全过程中。通过引入情境,为开拓学生广远的想象空间,促使学生更为深刻地理解教材,发展学生的联想及想象能力。

二、学生主动参与式的鉴赏教学活动

教与学的双边关系主要依赖教师的引导和学生的参与,绝不是一个被动接受的过程,只有学生主体主动积极参与才能调动学生自身的领悟力和创造潜能,只有学生主体直接参与,才能激发学生欣赏的情意,从而促使学生表达自己对美术作品的观察、理解、思考、分析,一直上升到讨论交流和发表自己的见解。学生参与评述活动的过程即是学习的过程。

【案例片段2】

鉴赏达·芬奇《最后的晚餐》,就不能光从构图、造型、色彩等方面来欣赏。首先需要教师介绍画中所表达的耶稣被犹太出卖的故事,作品的主题是歌颂耶稣的伟大人格,也鞭挞了叛徒的苟且偷生出卖灵魂的丑恶嘴脸,充分体现了画家的爱和憎。通过对作品内涵的介绍,能够很快地激发起学生的兴趣。其次,在教师的引导下剖析作品,比如作品中有几个人物,他们的动态表情、装束、道具,表达了什么事件以及周围的环境气候,光线的作用等,从而引导学生对这一作品的了解。在学生参与感悟之后,教师在归纳时可以结合作品适当介绍作者生平、创作意图、创作过程,以及作者所处时代的社会背景,使学生进一步加深对作品内容主题以及作品价值的理解。

在此课之前,教师还布置过预习题,引导学生收集与欣赏内容相关的资料,缩短学生与作品间的距离。课前的"读画",使学生加深对作品的直觉印象,教师也出示一系列问题引导学生对画面进行观察体味。还可以采用小组合作讨论的方式,以发挥学生的自主性,让学生有更多机会参与评述,让学生有一定的空间去思考。这种让学生主动参与的学习活动形式实际就是新课程观念下的新的课堂教学形式,这是一种行之有效的教学活动形式。

三、学生主动探究式的鉴赏教学活动

沃·尔夫等认为:"将重点放在学生身上,教师的任务不是教会学生理解某件艺术作品,而是为他们提供机会,促进他们自己获得对作品的理解。这种对作品的感受是教不会的,只有在学生理解作品的过程中通过自己的努力而获得。学生应该自由地与作品进行交流,教师应尊重他们的所见所闻,所想所思。在提倡创造性思维培养的今天,应该特别鼓励一开始就让学生能按照自己的愿望以直觉的方式,调动生活经验,融入自己的感情,不带任何框框和偏见地观赏作品。"这与新课程改革提倡的主动探究学习是不谋而合的。

【案例片段3】

教师组织引导学生介绍完课件中的雕塑家罗丹的《巴尔扎克》的创作背景之后,由学生展开讨论,学生可用探究式方法分组写出作者的创作意图,然后选派代表进行讲解,学生分组讨论,学生代表宣读讨论结果:

"老师、同学们,大家好!我们小组观摩此作品感想很多。罗丹的作品大气、洒脱、富有大师气魄。不但这件作品精彩,前课中的《欧米哀尔》也十分大气,从作品的创作意图中可以看出罗丹是一位阶级感情十分明朗的雕塑家,也是一位极富同情心的艺术家,他的许多作品如《加莱义民》《思想者》等都是为人民而呐喊的,他具有国际主义精神,有民族自强精神,他的作品的表现手法夸张中有洗练的气度,有一种一气呵成的气势,让人观后久久不能忘怀。作品《巴尔扎克》是罗丹一生最得意的作品,他的动态选择恰如其分,巴尔扎克夜间写作后的踱步情景,加上雕塑家大胆、夸张的表现手法,准确地表现出大文豪巴尔扎克的精神气度。"

发言后教师给予适当评价。

本课讲述的艺术家的创作意图是理解美术作品的必要环节,也是本节课的重点,关于美术语言、艺术美、形式美等概念,直接分析对学生来说还是比较抽象,学生在理解上有一定的难度,教师可通过其他艺术形式的比较来分析。这种学生代表发表直觉观点的教学活动形式,是新课改以后课堂教学形式变化的典型。教师在教学中应注意尊重学生的反应,注意尊重学生感受的全部内容,以及面对每一件艺术作品的瞬间所表现出的兴趣。

四、角色扮演式的鉴赏教学活动

在鉴赏课程的教学活动中,大多数教师会只满足于讲教材,导致课堂气氛冷清,学生的学习无兴趣可言。应让学生角色转变,扮演鉴赏作品中相关角色的做法,使学生的学习活动很快地成为教学中的"有我之境"。他们积极热情地按照自己扮演的角色去思考、去表达,成为作品鉴赏的主动参与者,同时激发了全班学生的注意力和情绪,使一堂鉴赏课上得有声有色,给学习者留下深刻的印象。

【案例片段 4】

教师在鉴赏教学中,结合画面内容让学生扮演角色展开活动,现在的中学生在了解了绘画的相关背景资料后,可以胜任角色扮演,这种鉴赏方法很容易激起学生对作品赏析的兴趣。教师在宗教绘画欣赏课程中,预先给学生们布置了相关课题,让学生去寻找画面背后的历史宗教故事,让学生用表演的形式介绍故事及画家创作动机,演绎的形式让学生自由发挥,给学生提供充分的想象和表现的空间。如某班的一组同学借《小崔说事》节目形式,就达·芬奇的《最后的晚餐》这一宗教故事画进行了生动的演绎,跨越时空请来"达·芬奇"先生进行访谈。角色访谈中主持人介绍嘉宾"达·芬奇",让同学们了解画家的生平;"达·芬奇"的介绍让大家了解创作背后的故事……

这种角色转换的学习活动形式,将原来从教师口中说出的变换到由角色(学生扮演)说出,收到了良好的教学效果,给课堂带来了生机,显得丰富多彩,很好地体现了教学中学生的参与性和活动性,突出了教学的活动的娱乐性,体现了活动课程的生机,同时也极大地提高了学生的学习兴趣,是学中有乐、乐中有学的体现。

五、实践体验式的鉴赏教学活动

目前高中教学模块的选择,大多学校选择了鉴赏必修和绘画模块选修,甚至有个别学校有机地将绘画模块与鉴赏模块加以整合。仔细思考,我们不难发现,绘画教学中有鉴赏,鉴赏教学中有大量绘画作品,应当说两者互为补充,相得益彰,尤其是绘画作品中的大量形式语言,帮助学生全方面、深入地鉴赏作品。鉴赏与学生实践、体验的有机结合给人感觉教学更有节奏,有张有弛,学生都能动起来,气氛比较活跃。教学中开展体验性学习活动,是在感觉体验认识的基础上,进一步调动思维和情感的体验,逐步获得对知识的感悟和认识,再通过动手实践体验感知的认识,提升认知思维,从而进一步获得创造与成功愉悦的体验。

【案例片段 5】

一位教师在上《中国书法艺术》鉴赏课时,除了先对课本内容作适当讲解外,为提高学生对书法认识水平,还特意让学生做一次简单的局部点画临摹练习,并注意让学生采取如下的步骤:(1)线的力度;(2)字的结体;(3)墨的浓淡干湿;(4)字的布局等,进行综合的临摹。练习前,先请学生谈一下自己对作业要求的理解,然后教师进行当场示范,演习并侧重于前两项的练习要求,当学生明白作业要求之后再进行作业的具体练习。练习后,选取部分优秀的书法作品进行点评。

教师的评价应以优点方面为主,适当地指出影响学生作品进一步发展的不利因素(如用笔方法,用笔习惯等)。通过这样一番体验练习活动,使学生对书法的认识和印象会比教师平淡无奇的讲授效果好。"体验性"学习活动的方式多种多样,教师在鉴赏教学活动中应当根据自身的教学条件,开动脑筋,结合不同的鉴赏教学内容,适当选择实践体验性教学活动的方法和切入点,让学生在实践体验性学习活动中得以感悟和认识,从而顺利地进入鉴赏教学内容之中。"体验性"教学活动对教师提出更高的要求,教师必须综合素质高。在教学设计中,教师应利用一切可以利用的条件设计出良好的鉴赏活动学习方案。总之,"体验性"学习在美术鉴赏教学中能够让学生体现自身的价值,发掘自己的内在潜能,让"体验性"教学与鉴赏课形成互融协作的良好关系。

六、信息探索式的鉴赏教学活动

信息技术教育与课程资源的整合,是新课程实施后一大新的美术教学特征。在建构理论的指导下,信息技术为高中美术欣赏教学提供了良好的学习环境,使学生的主体地位得以真正的确立,使自主性学习、探究学习、协作学习形式得到真正实现,极大地激发了学生的学习动机,培养了学生的创新精神和实践能力。鉴赏、评价、研究性学习等美术鉴赏教学活动在信息技术的支持下获得了新的发展。

一个全新做法是建立了美术网络教学网站——"网络美术实验室",分为资源区、学习区、交流区、教师区等。资源区分为站内资源和网络资源,站内资源有在线图书馆、名家名作、美术展览、美术院校、乡土美术、学术史论等;网络资源精选网上相关网站进行链接;学习区分为基础知识、高考特区、美术史、学习方法、相关资源课件等几个模块。具体的教学内容在相应的板块以不同的形式呈现,学校信息技术与课程整合专用的网络教学工作室为开展美术鉴赏教学活动创造了良好的条件。教师认为信息技术可以创设一个以学生为中心,教师为主导和与广泛的社区相联系的学习环境,这样可以有效地改进课程教学和开展更有效的鉴赏活动。网络信息探索形式的教学,可以增强学生解决问题的能力、协作能力和培养创新思维;使信息技术的运用成为学习过程的有机组成部分;培养了学生获取、选择、传递、加工和利用信息的素养;同时又有利于促进班级内学生的合作交流,开阔学生的视野。

【案例片段6】

在"服装赏析"课的教学中,利用网络给学生们搜集了许多世界服装大师的个性时装作品图片,利用媒体展示各种千奇百怪的服装,学生一边看,教师一边讲解服装的颜色搭配、风格、款式等服装要素,从而开拓学生的视野。

建构主义学习理论强调以学生为中心,要求学生由外部刺激的被动接受转变为信息加工的主体和知识意义的主动建构者。建构主义教学理论,则要求教师要由知识的传授者、灌输者转变为学生主动建构意义的帮助者、促进者,要求教师在鉴赏教学活动中采用全新的教学方法和全新的教学设计。

七、参观、访问式的鉴赏教学活动

美术鉴赏学习活动可以利用的方法很多。教师如能在教学实践中加以总结,并能有所拓展,就一定会创造出多种多样的符合学生年龄特点的鉴赏教学方法。美术鉴赏教学活动可以利用的资源有许多,其中的社会资源可以是学校附近的博物馆、美术馆、画廊或艺术家的工作室,甚至还可以邀请艺术家到校举办展览、示范和演讲。

【案例片段7】

上《中国陶瓷艺术》的鉴赏课,可以带领学生到馆藏量很大的博物馆进行参观。参观前教师可以要求学生带相机、笔记本和教师预先设置的研究课题,学生可带着问题有目的地在展览中收集相关的图片和文字资料,在参观过程中除讲解员讲解之外，教师对重点代表作品和总的时代特征加以补充提示，然后回到教室，教师用课件向学生系统展示，并归纳讲解。也可根据研究课题内容需要在网上拓展搜寻，并加上学生自己的独特见解，作业内容是由学生每人撰写一篇1500字的小型鉴赏论文。研究结果的展示，可以在网上公布，同时分小组派代表上讲台演讲研究报告，最后教师再对学生的报告加以适当评价。

以上是笔者对主题性鉴赏教学活动设计的一些问题的探索，通过不同类型的教学活动设计案例片段。实践证明，美术主题性鉴赏教学的学生活动设计的多样性给课堂教学带来了生机。

总之，高中阶段的必修鉴赏课教学的宗旨，主要是引导学生积极参与并学会用美术语言来评价美术作品，学会用艺术思维的方式认识世界，在了解中外优秀美术作品的过程中拓宽美术视野，尊重世界多元文化，提高美术素养。基于课改精神，鉴赏课教学活动的设计显得尤为关键。同时，这样的教学活动设计也给教师提出了更高的要求，为了学生的拓展研究，教师更应该预先作好课程研究。在活动中，教师应当成为教学的引导者、帮扶者和鼓励者。这样的教学活动方式是师生共同发展的互动过程，在活动实践中互教互学，取长补短，纵深和谐发展，师生彼此将形成一个真正的"学习共同体"。

（陆长根）

"欣赏·评述"教学中的审美问题
——解析《蒙娜丽莎》之美

500年以来,达·芬奇的《蒙娜丽莎》一直是巴黎卢浮宫的"头号明星"。《蒙娜丽莎》作品赏析一直是美术教学不可或缺的内容。人们一直对《蒙娜丽莎》神秘的微笑莫衷一是。不同的观者在不同的时间去欣赏,感受似乎都不同。有时觉得她笑得舒畅温柔,有时又显得严肃,有时像是略含哀伤,有时甚至显现讥嘲和揶揄。在一幅画中,光线的变化不能像在雕塑中那样,产生特别大的差别。但在蒙娜丽莎的脸上,微暗的光影时隐时现,为她的双眼与唇部披上了一层面纱。人的笑容主要表现在眼角和嘴角上,而达·芬奇偏把这些部位画得若隐若现,没有明确的界线,因此才会有这令人捉摸不定的"神秘微笑"。《蒙娜丽莎》的美到底在哪里?如何有效地引导学生去欣赏人人皆知的《蒙娜丽莎》之美?笔者在教学中,依着"示秘——揭秘——解构"的思路,通过示秘引发学生对《蒙娜丽莎》的兴趣,在揭秘的基础上对《蒙娜丽莎》进行艺术解构,引导学生赏析《蒙娜丽莎》的美。

一、《蒙娜丽莎》真伪之谜

按照以往的说法,达·芬奇的《蒙娜丽莎》收藏于巴黎的卢浮宫。但在收藏界有一种说法,称挂在卢浮宫的不是《蒙娜丽莎》,真正的《蒙娜丽莎》是在伦敦一所公寓的墙上。

这间寓所和这幅作品的保管者普利策博士说,《蒙娜丽莎》完成后,作品就留在了丽莎·德·佐贡多家。后来,又有一个贵族请达·芬奇为他的情妇画一幅肖像,这个被称为"拉乔康达"(意为"微笑的人儿")的女子,和蒙娜丽莎长得很像。于是,一时懒惰的达·芬奇把《蒙娜丽莎》的脸部换成拉乔康达。画作完成后,那个贵族抛弃了拉乔康达,因而没有买下这幅画。后来达·芬奇应弗朗西斯一世的邀请去法国,带去了这幅画。普利策说,使卢浮宫增添光辉的是拉乔康达的肖像画。《蒙娜丽莎》后来流落到英格兰,被一家博物馆馆长、艺术鉴赏家威廉·布莱克买下;再后来又为瑞士一财团收购,普利策便是其中的成员。

还有一种说法认为,目前卢浮宫内收藏的《蒙娜丽莎》是一幅赝品,其依据在于1911年发生的那起盗窃案。在那起盗窃案中,《蒙娜丽莎》失窃。两年后,它出现在意大利,但是画面上蒙娜丽莎身后两旁的廊柱已经被切掉了。几年后,《蒙娜丽莎》被归还卢浮宫。但许多专家都认为,这次失而复得只是一场烟幕,真正的《蒙娜丽莎》已经被一位富有的收藏家重金收购,挂在卢浮宫内的只是一件赝品而已。

二、蒙娜丽莎的微笑之谜

《蒙娜丽莎》这幅画给人印象最深刻的莫过于她嘴角浅浅的微笑。据说光这微笑便耗费了达·芬奇11年的光景。说出"蒙娜丽莎"这四个字,就会有那个微笑出现在你眼前。"魅力"这个词已不足以形容这幅地球上最著名的肖像画,也许"魔力"才是一个更恰当的词汇。每年来到卢浮宫参观的五六百万人中的大部分都会直奔德农馆悬挂《蒙娜丽莎》的展室,宫中的其他瑰宝相比之下都黯然无光。

作品最通常的解释是达·芬奇在为蒙娜丽莎绘画时,请了位乐师在她旁边弹奏,以便她能像个模特儿那样耐心平静地坐着。她眼中的神情告诉我们她正在倾听。而现在,如果我们看她那双美丽的手,并把它们与她的脸连在一起考虑,我们会觉得那神情更诚挚。她的右手轻轻地放在左手上,中指根本没有任何依托,我们感到它正和着音乐的节奏轻轻地打着拍子。

较权威的解释是哈佛大学神经科专家利文斯通博士的说法,她认为蒙娜丽莎的微笑时隐时现,是与人体视觉系统有关,而不是因为画中人表情神秘莫测。利文斯通博士是视觉神经系统活动方面的权威,主要研究眼睛与大脑对不同对比和光线的反应。利文斯通说:"笑容忽隐忽现,是由于观看者改变了眼睛位置。"她表示,人类的眼睛内有两个不同部分接收影像。中央部分(即视网膜上的浅窝)负责分辨颜色,细致印记。环绕浅窝的外围部分则留意黑白、动作和阴影。据利文斯通说,当人们看着一张脸时,眼睛多数集中注视对方的双眼。假如人们的中央视觉放在蒙娜丽莎的双眼,较不准确的外围视觉便会落在她的嘴巴上。由于外围视觉并不注重细微之处,无形中突出了颧骨部位的阴影。如此一来,笑容的弧度便显得更加大了。不过,当眼睛直视蒙娜丽莎的嘴巴时,中央视觉便不会看到阴影。利文斯通说:"如果看着她的嘴巴,便永远无法捕捉她的笑容。"蒙娜丽莎的笑容若隐若现,源于人们的目光不断转移,利文斯通指出,若要临摹《蒙娜丽莎》,描绘口部时便要望着别处。

达·芬奇的这幅画的确画得非常传神,但众人对微笑的评价是笔者所不认同的。"神秘"这个词的含义是什么呢?查阅一些典籍后发现,"神秘"的意思是未知的,不可思议的。用"神秘"来形容蒙娜丽莎的微笑,未免太过空泛了。还是来分析一下人的笑容。笑容的形式是各种各样的,从性别与笑容的关系上我们可以简单地分为两种,"左脸笑"和"右脸笑"。经研究发现,大多数的女人是属于"左脸笑",男人是属于"右脸笑"。而"左脸笑"的女人是更具有魅力的,也要比"右脸笑"的女人更具吸引力,且更有女人味。就像我们在大街上看到的,大多数情侣总是男左女右地走在一起,这样更能让对方看见自己的笑容就是原因之一。蒙娜丽莎的微笑便是女人典型的"左脸笑",左边嘴角轻微上翘,透出女人最有魅力,也是最具吸引力的表情。看见这样的笑容,无论是谁,都不会忘记,无论是谁,都会感到折服。这样的吸引力对达·芬奇的印象也是最深刻的。

当我们凝视达·芬奇的传世名画《蒙娜丽莎》时,常常被那带有三分柔情、七分迷离的美丽笑容所迷惑。远看时有,近看似无,有时温柔舒畅,有时略显哀伤,有时甚至微露揶揄之意。是什么造就了这变幻莫测的神奇一笑?近日,科学家运用电脑技术分析出她的微笑中带有喜悦、厌烦、恐惧等,可以说是一笑承载了多种情绪。

美国马里兰州的约瑟夫·鲍考夫斯基博士认为蒙娜丽莎压根就没有笑,她的面部表情很典型地说明她想掩饰自己没长门牙。

法国里昂的脑外科专家让·雅克·孔代特博士认为蒙娜丽莎刚得过一场中风。请看,她半个脸的肌肉是松弛的,脸歪着所以才显得微笑。

英国医生肯尼思·基友博士相信蒙娜丽莎怀孕了。他的根据是她的脸上流露出满意的表情,皮肤鲜嫩,双手交叉着放在腹部,是一个母亲对新生命即将诞生时产生的那种神秘的微笑。

还有一种近乎无稽之谈的说法,她的表情就像吃了苯氨基亚胺似的,显得陶醉,这是吃完巧克力后人体内产生的一种欢愉激素。这种说法很少有人相信,因为当时还没有巧克力呢。

围绕蒙娜丽莎的微笑,众说纷纭,至今仍然是一个谜。

三、《蒙娜丽莎》的艺术解构

《蒙娜丽莎》是一幅享有盛誉的肖像画杰作。它代表达·芬奇的最高艺术成就,成功地塑造了资本主义上升时期一位城市有产阶级的妇女形象。画中人物坐姿优雅,笑容微妙,背景山水幽深,淋漓尽致地发挥了画家那奇特的烟雾状"空气透视"般的笔法。画家力图使人物的丰富内心感情和美丽的外形达到巧妙的结合,对于人像面容中眼角唇边等表露感情的关键部位,也特别着重掌握精确与含蓄的辩证关系,达到神韵之境,从而使蒙娜丽莎的微笑具有一种神秘莫测的千古奇韵,那如梦似的妩媚微笑,被不少美术史家称为"神秘的微笑"。在背景的处理上,达·芬奇运用的是"空气透视法",把后面的山崖、小径、石桥、树丛与潺潺的流水,都推向遥远的深处,仿佛这一切都被笼罩在薄雾里,以此来加强蒙娜丽莎形象的地位。这样一幅不大的肖像画竟用去他四年的时间,这说明达·芬奇在艺术上是有所追求的。

达·芬奇在人文主义思想影响下,着力表现人的感情。在构图上,达·芬奇改变了以往画肖像画时采用侧面半身或截至胸部的习惯,代之以正面的胸像构图,透视点略微上升,使构图呈金字塔形,蒙娜丽莎就显得更加端庄、稳重。

蒙娜丽莎梦幻般的肖像与她周围梦的世界是达·芬奇的天才创造,这解答了为何《蒙娜丽莎》这幅肖像成为世界上最著名、最使人难以忘怀的一幅肖像这一问题。

《蒙娜丽莎》最具内涵的是那眼神,那笑容和那一双手。画面的背景有点阴晦,代表着社会或者人生,是每一个社会和每一段人生。每个社会都有黑暗的一面,每段人生都是苦旅,但是社会也有光明的一面,人生也有快乐的时刻。因此,应以乐观的心态面对社会,苦中作乐,笑对人生,这正是《蒙娜丽莎》所要表达的主题思想。所以,那深沉而不经意的一瞥,显然已说明了一切;那轻笑,是超凡脱俗的笑,达到了人生态度的最高境界;那双丰满闲适的手,映衬了主人轻松乐观的心境。蒙娜丽莎那双柔嫩的手被画得那么精确、丰满,完全符合解剖结构,它展示了她的温柔,更展示了她的身份和阶级地位。从这双手可以看出画家的精湛画技和他观察自然的敏锐性。

《蒙娜丽莎》是卢浮宫最负盛名的艺术品。据统计,卢浮宫90%的参观者都不会错过这个"微笑"。博物馆的纪念品店每年售出的《蒙娜丽莎》纪念品超过33万件,包括明信片、磁铁和拼图。《蒙娜丽莎》的魔力所及还不止于此,在任何一个文明国家的角落里,我们都能看到她的踪影,不管是作为装饰,被用于商业宣传,还是衍生成了其他的文化产品。也许我们没看到过真正的达·芬奇的《蒙娜丽莎》,但我们每个人的心中都早已生成了一幅自己的《蒙娜丽莎》,同样的微笑、静谧,真伪莫辨。

(鲁　玉)

美术作品之"意象""抽象"的认知与理解

人类的审美能力是在实践活动中形成、发展和完善起来的。由于每个人的实践活动不同,他们的审美鉴赏水平也会有所不同。在高中美术鉴赏教学中,我们发现学生对美术有独特的认识和理解,但由于他们生活的环境和受教育的程度不同,也表现出对美术评判的不成熟,常常喜欢用"像"和"不像"来评价作品的优劣。美术鉴赏教学观的变化,促使我们要以新的教学策略研究美术新思维对审美观念的影响,培养学生正确的审美方式,这对美术鉴赏教学提出了新的研究课题。美术作品的"意象"与"抽象"的审美判断,是学生必须经历的审判过程。什么是"意象"美术作品?"意象"美术作品在理解上要比"抽象"作品稍许容易些,它和现实世界还是有着某些关联,这些形象能够触发联想。因此,让学生正确认知和理解美术作品的"意象"和"抽象",是美术鉴赏教学的一个重要任务。

一、中国绘画之"意象"

中国绘画是借助于"笔、墨、纸、砚"文房四宝和画家情感而进行艺术表现的。学生在中国文化的氛围中也或多或少地接触、了解过中国绘画。在学生的眼中,中国画是一门高深的艺术形式,在小学和初中美术课程中有一些体验,到了高中阶段虽然知识积累有了进步,但对意象表现的中国写意画仍然缺少深刻的理解。高中学生如何认识和理解中国绘画的意象表现,怎样对意象作品进行正确的评判,这是高中美术鉴赏教学中需要解决的问题。

【案例1】

课堂上,教师把笔墨按顺序摆放于讲台上,重点介绍水对国画的重要性。在黑板上先贴一张报纸,然后把宣纸贴于报纸之上,演示一幅较为完整的意象表现的国画过程。教师一边演示一边告诉学生国画里一些简单的"浓、淡、干、湿"技法，学生非常感兴趣，也从中了解了什么是国画及其意象表现。

教师用多媒体展示名家作品若干幅，讲解这些作品的意义及成功之处。出示齐白石《虾图》、郑板桥《竹》、朱耷《荷石水禽图》、王冕《墨梅图》、徐渭《墨葡萄图》、林风眠《白衣女》等意象表现的代表作品。教师提问："这些作品是如何表现意象的？"学生往往会这样回答："齐白石的虾画得很像，很透明的样子。""郑板桥的竹是很有名的，那肯定是画得好。""王冕的梅花画得很传神，在语文课文里就有介绍王冕如何刻苦作画的。"教师继续提问："那你对朱耷和徐渭的作品了解多少呢？"学生多半是不知道的。

教师再出示与这些作品有关的照片加以比较，虾和竹的照片和齐白石、郑板桥的作品比较，提问："和生活中的物象比较，你觉得他们画得'像'吗？"这时学生回答则开始持不同意见了，有说像，也有说不太像。教师出示写实油画作品给学生比较，则多数学生开始说中国画是画不到那样"像"的。这时教师指出，你见过墨色的虾吗？你见过墨色的竹子或梅花吗？可是齐白石老先生说过这样一句话：画，妙在似与不似之间。这样的画有它独特的美妙之处，有它独到的韵味美，那么它就该归属于绘画里面的"意象"美术了。

（1）以郑板桥的《丛竹图》为例

教师提出问题："古人为什么喜欢画竹子？"这样的问题设置，范围广了些，学生较难回答，可以给予补充问题，加以缩小范围。"竹子是花卉四君子之一，竹子从本身的特性来说，它有着怎样的品格？"这个问题学生是可以回答得比较准确的。竹子笔直、中空、有节，被古人比喻成刚直不阿、虚心的、有气节的君子形象，古人常用竹君子比喻别人或自己，所以古人常画花卉四君子喻人喻事。

（2）以王冕的《墨梅图》为例

王冕的《墨梅图》有自题诗一首："吾家洗砚池头树，朵朵花开淡墨痕。不要人夸好颜色，只留清气满乾坤。"在王冕的笔下，每一朵梅花都是冰清玉洁的，有气节的，把梅花人格化，寄托自己对前朝的怀恋，表达更深层次的自我。在绘画笔法上，画面所体现出的图式与梅的笔墨表现上也有着独特的韵味美，梅枝穿插错落有致，圈梅花时的一笔两顿挫，点梅心时的破蕊法，形成了笔墨的独特美感。

(3) 以徐渭的《墨葡萄图》为例

徐渭的《墨葡萄图》追求的是笔墨的野逸之趣，大笔墨的宣泄所体现出的愤世嫉俗是徐渭作品特有的表现手法。透过他的《墨葡萄图》，几乎可以看到一个落魄怅然的文人形象："半生落魄已成翁，独立书斋啸晚风。笔底明珠无处卖，闲抛闲掷野藤中。"

(4) 以林风眠的《白衣女》为例

在近现代艺术形式的格局，其所体现出的多元文化、图式和思想的结合，也使作品中的外在表现形式产生了变化，《白衣女》就是多种艺术语言的综合。作品中半具象与半抽象的环境营造出了一种朦胧的情调。画家早年留学于国外，深受国外艺术作品的影响，在作品中斜长变形的人物，斜长的脖子，优雅的姿态，似乎可以看到莫迪里阿尼塑造的女人形象。在头发和物品的装饰中，又似乎可以看到民间剪纸和皮影的踪迹，线条的运用回转圆润。从中，你又似乎可以看到中国古代绘画里优美线条的韵味。画面的宁静致远是历史的积淀和外来新艺术形式的影响综合，以一种崭新的艺术面貌出现，画面构图的美感和鲜亮色彩的运用，使得国画的艺术语言更加丰富了起来，对后来的艺术家产生了深远的影响。

要读懂这样的美术作品需要多元文化的支撑和对艺术历史的了解。对于学生来说，理解这样的艺术作品是有难度的。教师要针对这类作品给予必要的引导和解析，把作品所受到影响因素进行比较全面的介绍，对重点作品的内涵加以分析，举一反三，并迁移到对其他作品的联想与理解上。

以上作品均不能以"像"与"不像"来作为评价的标准，学生可通过诗意理解作品的"弦外之音""画外之意"。艺术家借助笔墨抒发自己的情感，托物而言志，在作品中，不仅仅是"意象"的外观表达，更具有内在的深层寓意。

二、西方绘画之"意象"

西方绘画经历了"具象—意象—抽象"的发展过程，在近现代美术中意象美术的发展，与西方艺术的历史轨迹相适应，使得西方艺术发展得更完善和绚丽多彩。然而学生在理解这些作品的时候，也同样要经过学习和领悟，从而加深对西方艺术的认识和理解。对于西方的写实作品，学生是容易认识与理解的，著名的肖像画《蒙娜丽莎》以其写实的逼真而赢得"很像"

的赞誉,成为世界美术史上里程碑式的作品,也是世界美术的主流。随着现代思维的多元化,美术流派也呈现多元化,不同美术形式和表现方法,也使人们对美术的认识产生了变化。学生在这多元化的美术思维下对一些作品的不理解也是正常现象。高中美术鉴赏课程的任务之一是帮助学生正确把握审美标准,接受西方多元思维带来的多元文化,不断提高自身的审美修养。

运用多媒体播放西方现代具有代表意义的作品,如蒙克《呐喊》、毕加索《哭泣的女人》、达利《记忆的永恒》等。教师提出问题:"这样的作品给你以怎样的感受?"学生们的回答多种多样。

【案例2】

(1) 以蒙克的《呐喊》为例

提问:"这幅作品表现的意象是什么?你会联想到什么?"学生回答:"是恐怖的骷髅,是想吓唬人的。联想到恐怖,联想到大声尖叫的声音……"

应该说,《呐喊》这幅作品给学生的视觉冲击是很大的。画面暗沉的调子,红色、深蓝色及少量浅色调的运用,形象如同骷髅一般捂耳啸叫的人物,使人不禁联想到画家想要表现的是那种极度不安或从心里透射出的深度恐惧感,使人不禁要探究,画家为什么要这样表现?想要表达怎样的心理世界?同样,在这幅作品里也没有所谓的"像"的问题,但所表现的画面影响是极大的。如果我们换个角度思考,如果人画得更像人一些,背景更真实些,如同照片一样,画面还会有这样的震撼力吗?正是这撼人心魄的力量让你不禁想去研究这幅作品,想去了解画家为什么会这么画,他的生存背景是怎样的。借此教师可以对画家作一个较为深入的介绍,亦可让学生课后在网上或在图书室查找资料,作为作业完成。

(2) 以毕加索的《哭泣的女人》为例

如果说蒙克的《呐喊》还可以理解的话,毕加索的《哭泣的女人》就不太好看了。扭曲的线条组成的变形面部出现在学生面前的时候,几乎每一个班的学生都哄堂大笑。老师马上问道:"为什么笑?"学生回答:"人的脸画得这么怪诞,一点也不像,也许一个小孩比他画得还要好些。"教师再提问:"你能表现一个正在哭泣的女人吗?"学生立刻回答:"如果这样的作品也是名作的话,那么我们画的人像也不会比他逊色多少。"老师因势利导让学生试一试,学生们拿起笔来各显神通,也表现出一些具有个性的作品,教师设置活动,让学生作业与画家作品比较,学生的作业趋向于"像",仍然摆脱不了传统的窠臼斗标准,对意象的表达认识不足。

三、西方艺术之"抽象"

抽象艺术是当前流行于世界各地的一种前卫性艺术的总称。他们否定具象,主张从中抽取线条、体块、色彩、构图并融入画家的情绪。这些艺术形式的构成是复杂的。一接触这些作品,学生就会提出这样的质疑:这画的什么呀,像小孩子画的涂鸦,有时会看不懂,这也是名画?这些质疑表明学生似乎不愿意接受这样的作品;这种排斥感,也会对理解作品产生影响。面对这样的状况,怎样讲授"抽象"美术作品,成为学生理解作品的关键。

【案例3】

教师:播放爵士乐,音乐明朗欢快,时而幽静,时而热烈,时而低沉,深深吸引学生。提出问题:"音乐和美术是相通的姐妹艺术,当我们在不同音乐背景下会产生不同的心境,如此动听的音乐能否不通过音符而用别的方式来表达?"

学生:尝试用点、线、面、色彩元素,表现出对爵士乐的感受。

教师:同学们都用点、线、面的形式表现了对音乐的感受,用绘画来表现音乐抽象的表现,并与现代绘画大师康定斯基的《即兴之31》、蒙德里安的《百老汇的爵士乐》的作品比较,认识是如何以抽象的表现形式对艺术的追求。

学生1:康定斯基的画好像很混乱,像多种乐器交织在一起。蒙得里安的画面有许多彩色方块,有音乐的律动感。

学生2:我认为康定斯基表现艺术的内在是一种精神追求。而蒙德里安的画面上直线就像五线谱一样,那些方块就像一个个跳跃的音符。

学生3:画面中红、黄的面积很大,让人感觉是暖色的,充分表现爵士乐的欢乐气氛,就像各种乐器的音色,形成绘画的爵士乐。

教师:康定斯基是第一个真正将音乐展现在画布上的艺术家。他认为艺术不是对自然的模仿或精心制作,而应该是内心的宣泄和表达。所以他的作品激荡,色彩纷繁,红、黑、蓝、黄、白飞速地交融着、热情奔放地宣泄着画家的情感。这种表现情绪和感觉的抽象艺术就是"感情抽象派",又称"热抽象"。而蒙得里安将绘画语言限制在最基本的"三原色"(红、黄、蓝)和黑、白、灰之内以及竖线和横线之中。这些线条被有规律地画出来,美的信息深藏于直线、方块的简化形式中,表现出来秩序和冷静,这就是"几何抽象",又称"冷抽象"。

"意象"或是"抽象"其实就是直觉与理智的水乳交融,是体验与理解的相互渗透。英国美学家鲍桑认为,美有平易的美和艰难的美两种。平易的美是指那种不费力气就能欣赏,一眼就能看出的美;艰难的美是指那种具有错杂性、紧张性、广阔性的美。对于"意象"或是"抽象"作品的理解就属于艰难美的赏析,我们就要让学生有欣赏艰难美的勇气和信心。在赏析中国写意绘画和外国现代派美术作品时,我们要允分认识作品的历史背景,画家所要表达的情感,作品所传递的视觉符号,通过不同的线、形、色和构图,体验画家表现的主题与思想,追求画家的思想脉络和艺术风格,从中体会美术的抽象思维以及"意象"和"抽象"的美术内涵。

(鲁　玉)

"徽派民居"在纤维艺术设计中的抽象表现

纤维艺术是以纤维为原料去"塑造"属于它自己世界的艺术门类,它给人们带来的意蕴是温暖的遐想、绵绵不断的人间柔情、炽热而又不灭的人类创造精神。纤维艺术意蕴的出发点源于纤维本身在纤维材质的客观属性中流溢出来的自然的生命气息,还在于它有一种能够融合"现代""传统""民族性""世界性"为一体的"凝聚力"。

徽派民居古朴凝重、雕饰精美,蕴藏着以儒家思想为主体的中华传统美学里的形式美和意蕴美,是中国重要的古建筑群之一。对于徽派民居的视觉演绎可以通过不同的艺术载体进行表达。纤维艺术的材料和制作工艺本身就具有明显的抽象属性的特征。抽象风格的纤维艺术作品一般是通过材料感、肌理图形等优势和个性化语言来创造的。抽象风格常常以色彩和形象的律动、诗的意蕴等含蓄地传达作者对社会、艺术、人生等主观感悟和情感寄托。设计家不是简单地将原始材料进行堆砌,而是借助丰富的纤维材质以及不同结构的形态语言,直观地显现其多姿多彩的艺术表现形式,给人以美的享受。

一、纤维技法与美感法则

将徽派民居所呈现出来的视觉图式结构从建筑本体中提取出来,通过纤维材质铸就的视觉符号重新演绎,进而形成了一种源于徽派民居建筑形式的视觉"镜像"。换句话说,就是把徽派民居的建筑造型用纤维艺术的抽象手法表现出来。

1. 纤维技法

主要运用编织、刺绣、拼贴等手法予以表现。

(1) 马蹄扣。传统的马蹄扣编织法是由织毯工面对绷好的经线框架,左手持织线,右手拿织刀,通过双手协调动作的密切配合完成的。如今,马蹄扣俗称为地毯绣、段段绣,也有了现成的网格布卖,工艺简化了很多。从审美属性看,以点构成的马蹄扣给图案纹饰的表现增添了方便,也可以作为纤维材质的肌理表现附加在具象图像上。

(2) 戳绣。在民间又叫墩绣、掇花、掇绣、戳花、俄罗斯绣等,也是一种古老的绣法。当下很流行的日本戳戳乐就是戳绣,只是改进了针,制作戳绣的工具很像注射器,不过针尖处有一个针眼,丝线借助穿线器穿过中空的针杆,再穿过针眼。刺绣的人拿针如同手执毛笔,针与布面垂直,一针针地戳下去,拔上来,线头不能拉出布面,然后再移动位置戳下去,再拔上来。一拔一戳的过程,在另一面就产生一个又一个突出的小点,从审美属性看,构成戳绣的点更小,和马蹄扣结合,可以增加纤维作品的层次感。

(3) 钩针编织。黑线与白线通过不同形式的并列与交错形成了不同的队列组合,重复而有变化,仿佛看到了徽派民居中的某种形式"镜像"。

(4) 拼贴。包括各种纤维材料的拼贴和实物图像、色块的拼贴、镶饰等。

2. 设计中美感法则的运用

主要运用对称与平衡、韵律与节奏、分解与重构等法则予以表现。

(1) 对称与平衡。"对称是指造型空间中的中心两边或四周的形态具有相同且相等的量,而形成安定的现象。对称能给人庄重、条理、静穆的感觉。对称形式大致有点对称、轴对称和面对称。"纤维作品的"第三乐章"采用的是轴对称法则,画面并不是简单的等份性的划分,而是调动一切形式美法则,使对称形式下的形态比例在丰富而又对比的形态下显现出来。

(2) 韵律与节奏。"韵律的形式贯穿于反复之中,所以,反复是形成韵律美的基石。在视觉艺术中,形态、色彩、线条诸要素均可在反复中显示韵律美的特征。"纤维作品的"第三乐章"中,五根以上的黑色线条并置成一个面,穿插于"具象的民居装饰细部"周围,时而旋转,时而交错,像是奔流的小溪、弯曲的小路,又像是一段舒缓的乐章。通过单一的线的形态在反复构成中形成强烈的韵律效果,充满着静态的简洁和动态的节奏,给人以抒情的满足和愉悦。黑线、白线和灰色色块的叠加造成层次变化,由深到浅,由强到弱,形成渐变的韵律,给视觉带来轻松、优美的愉悦感。

(3) 分解与重构。纤维作品的三个乐章中的具象图像都是在充分考虑点、线、面等形态的前提下，用直线分解，拼贴在布面上的，被分解的原始形态的轮廓具有三角形或长方形等直线几何形态的特征。这样，分解后的各元素能找到各自最和谐的基点。而被分解出来的新元素用透叠法进行重构设计，可以产生出新的形态和层次，弥补原有大块面的单调感觉。不同颜色的透叠也能形成新的颜色。如白布上叠加黑色网格，会形成新的深灰色色块，灰色色块上叠加白色网格，可以形成新的浅灰色色块。

二、纤维载体与审美演绎

1. 线性结构形式语言

纤维艺术作品的任何一个整体形态的产生均须依赖基本的线性结构才能完成。而线性结构对于纤维艺术来说，一个重要的特征就是其秩序性。纤维艺术的线性结构常以柔软、富于弹性的纤维，组成美丽诱人的各种形态，给人们带来温暖而又富于希望的审美感受。在纤维艺术的平面作品中，点、线、面这三要素是形式表现的根本。灵活运用点、线、面基本设计元素，巧妙地进行排列组合的变化，表达出不同的性格特征，以及丰富多变的形式语言之美感。在创作过程中，选取的纤维材料和运用的纤维技法无处不体现着点、线、面三要素的运用。例如，以点构成的马蹄扣、戳绣，若干点的规律排列，就构成了线，这样的线按照同一平面有规律或者无规律地排列就会形成面，由点构成的线或面是虚线或是虚面，这种虚空间让人感到轻松而虚幻。如同五线谱般旋转起伏的黑线和白线，有的水平，有的垂直，有的倾斜，有的曲折，变化丰富，充满了动感的节奏和生命的活力。以透叠效果出现的黑色和白色的方格布，形成了虚有的面，增加了画面的层次感。

2. 肌理结构形式语言

肌理结构包括经纬结构的编织肌理与自由结构的创造性肌理。织物的肌理产生于不同组织结构的经纬交织。纤维艺术的肌理之美天生就具有其他艺术门类无法比拟的特征，它以其柔和、富有弹性的纤维质感和纤维材料在其编织过程中用变化无穷的优美秩序始终向人们述说着神奇、温馨、以肌理结构为特征的形式话语。而这正与设计者从徽派民居感受到的形式语言相吻合。

由于纤维材料和相关技法的特点，抽象的图式结构更适于用纤维语言重新演绎。材料上除了可以选用棉、毛、丝这类传统的纤维材料外,还可以用金属丝、皮革、纸浆、塑料方格布、水果包装网和可以打印的纤维布等新型纤维材料。不过传统的纤维材料是人类已有文明形式最早的载体,能使人联想到过去,具有回忆的柔情,更适合表现徽派民居这样一个淡雅清秀、脱离世俗的民间天堂的世界。徽派民居的色调以灰白为主,那么,纤维材料主要以黑、白、灰、蓝、褐色等比较沉着的单色为主。

三、纤维艺术与审美视觉

将徽派民居纳入视觉符号的体系进行"分类编码"是实行纤维艺术表现最可靠的视觉进程的体现,而符号化的分类针对徽派民居可以通过由大到小的"聚散原理"进行描述。

1. 群山包裹着的灰白世界

徽派民居呈现给人们的印象是一种风格化的抽象整体印象。由于建筑结体的特殊性使之在结构上的相互支撑变成一种尤为抽象的整体视觉图式效应,并且它所展示的这一图式结构本身还附带着时刻生养着它的青山秀水的自然环境。这个看上去犹如依靠群山包裹着的灰白世界除了拥有形态的抽象性之外,朴素的色彩结构也是助长这种抽象图式结构形成的因素之一。可以说在如此具备强烈整体视觉图式结构的氛围中,点、线、面的几何形态会非常自然地还原到抽象的"集体主义"统一机体上来。因此,我们无法在对其分解识别中领会到其整体性的图式结构力量,相反,徽派民居整体图式结构符号印象的鲜明之处必然在于由祖国南方秀气的群山和连体的黑白灰建筑的整体节奏才能达到这种自然天成的视觉秩序。

2. 高低起伏的马头墙

马头墙又叫风火墙,顾名思义,主要为了防止一户失火,殃及邻居。粉墙黛瓦,并非是徽州民居所独有,然而做成那么普通的马头墙组合,高低起伏,谱成一部动人淳朴的交响乐章;连接的、渐变的、交错的、起伏的,几乎蕴含了各种韵律美的形式,以青山绿水相称,这恐怕是徽州民居独特的艺术风格。

徽州马头墙有这样几种形式:(1)全部横向线条;(2)山墙两端横向,山尖部分成三角形;(3)圆弧形;(4)横向水平转折处稍加弯曲;等等。

建筑群组合起来了,马头墙的各种韵律美也充分得到了表现。如单坡、单栋民居的马头墙表现连续的韵律;单幢数进民居马头墙则表现渐变的韵律;连续的数进或高低不同的相邻两幢民居,马头墙出现起伏的韵律;而不同轴向的民居或相邻两幢高低相错的民居组合,则产生马头墙的交错韵律;等等。

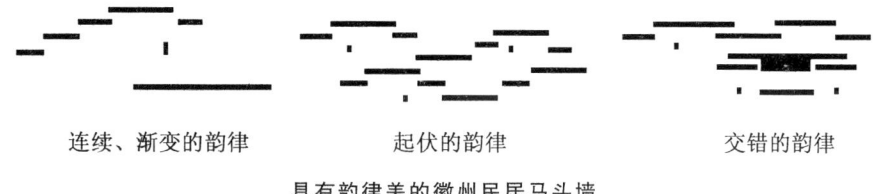

连续、渐变的韵律　　　　起伏的韵律　　　　交错的韵律

具有韵律美的徽州民居马头墙

鸟瞰徽州村落,绵延起伏的马头墙如千军万马浩浩荡荡向左右两边延伸,尤为壮观;前后近疏远密,高低起伏的线条形成了徽派民居特有的天际线。

马头墙印象(吴冠中)

四、纤维材质与审美触发

徽派民居形式语义情感逻辑就是将客观世界里的高耸的牌坊、掩映在青山绿水之间的小青瓦和白粉墙、错落有致的马头墙、小小的漏窗、飘飘欲飞的屋檐、精美的雕饰……变成渗入设计家情感的视觉"镜像"。这视觉"镜像"是经过主观处理和精神改造后的新形象,可能是具象的,也可能是抽象的。不过由于纤维材料和相关技法的特点,抽象的图式结构更适于用纤维语言重新演绎。具象的视觉元素可以作为底层印象,在图像上蒙上纤维技

法,也可以作为点缀出现在画面的某个地方。徽派民居的色彩以黑、白、灰为主,加入蓝天碧水、翠竹青苔的环境色,色调淡雅而和谐。门窗的垂直线条,地面、空间隔断构成的横向线条,山墙、瓦基构成的斜向线条丰富了徽派民居的线条形式。纤维材质以抽象的几何形态组成富有吸引力的视觉形式。用抽象的构架来统帅对徽派民居形成的"镜像",使作品形成意向的模糊状态,表达出作品的意境之美。

五、设计形式与审美定格

将徽派建筑的图式结构从建筑本体中提取出来,以纤维语言重新演绎,进而形成另一新型的精神文化对象,或者说形成一种源于徽派民居建筑形式的视觉"镜像",这种"镜像"无论采用何种纤维材料进行视觉上的演绎,都不可避免地进入其独特形式的审美定格。因为对于纤维艺术设计而言,来自于徽派民居形式语义的视觉"镜像"在纤维艺术的创造意义中必然会转化到另一种相似但终究不属于等同本体物质的视觉形态上。具体说来,已经变成属于纤维艺术设计语境的新型的时空关系。从这个意义上说,徽派民居已经脱开其本体物质形式的语义特征,最终被纤维艺术设计的形式氛围所笼罩。例如第五届国际纤维艺术双年展入展作品《记忆》就是如此,作品材料采用的是棉、毛这类纯正的纤维物质,然而,当创作的思路悠然回旋在徽派民居的语义形式之中,并借助纤维艺术独特的表现形式冲破徽派民居的"真实"时空,进而被演绎的线索带进另一种柔软的平面载体中时,作品主题得到了升华,那种徽派民居原先在建筑形式中的语义特征被纤维材料转化到富于艺术性的永恒记忆之中,表现的主题瞬间变成另一个属于纤维艺术表现形式的"镜像"世界。在这个世界中,具体的形象尽管还存在,但其中符号般的组织结构变得越发抽象了。这样,一方面更适合纤维语言特征的形象塑造;另一方面它把原先徽派民居最真实的时空关系作了新的物质肌理的演绎。更重要的是,使作品不仅从纤维载体中探索到徽派建筑形式结构的抽象之美,而且使富于历史特征的粉墙黛瓦、错落有致的马头墙、小小的漏窗、飘飘欲飞的屋檐和水面折射到白墙上的蓝色光影转瞬变成了美学的符号。

综上所述,生态背景下徽派民居以其独特的文化底蕴形成了自身的形式语义,而这种形式语义的表述风格恰恰集中反映出徽派民居在其艺术表现形式上基于"天人合一"观念所显示出来的最富于抽象结构的情感逻辑特征。

遵循情感逻辑的艺术语言,从徽派民居这一特定地域建筑文化所呈现出来的视觉图式结构中感知到特定的审美形式,以纤维语言重新演绎,进而形成一种源于徽派民居建筑形式的视觉"镜像",这种"镜像"的表现形式又受到纤维材料和表现技法的制约,但无论采用何种纤维材料进行视觉上的演绎,都不可避免地进入其独特形式的审美定格。由于徽派民居独特的视觉形式能够为我们当代其他设计带来形式语义上的新启迪,尤其在当代纤维艺术设计带来的"镜像"表现形式无疑从设计观念上突破了建筑本体的时空格局,为当代其他设计类型在形式符号系统中重新拥有新的审美指向建立起坐标性的参照作用,更让我们看到了徽派民居在当代纤维艺术设计的形式"镜像"中表现出来的充满形式语义的情感逻辑效应。

(阎　洁)

用色彩与形式表达内在的声音
——浅析绘画的内在需求原则

现代绘画史上的第一幅抽象绘画的作者——康定斯基在他的重要论著《论艺术的精神》中明确了"内在需要"这 创作原则:"凡是内在需要的,发源于心灵的就是美的","如果说艺术家捍卫了美,那么美就只能以内在的伟大的需要来衡量",艺术家作画"只能以有目的地触碰人类的灵魂这一原则为基础"。这一原则被他命名为"内在需要原理"。

"内在需要"强调艺术家的个人体验,它神秘莫测,只是创作者本人才能体验到的一种心灵状态,因而,它是一种完全主观的个人需要。它主要由三个神秘因素组成,即艺术家的个性因素,艺术家所处时代的风格因素以及艺术家所特有的纯艺术因素。实际上,康定斯基的"内在需要"的本质内容就是艺术家的直觉、情感,以及构成其"精神生活"的其他东西。康定斯基提出艺术是"内在的需要的外在表现",这个"内在需要"指的是正如康定斯基认为的那样,绘画有两种,一为物质的,一为精神的。物质的绘画是通过视觉的神经刺激来感动观者,这是外在的;精神的绘画是通过心灵的激荡所产生的共鸣。毫无疑问,康定斯基是赞扬后者,贬抑前者的。艺术家选择一根线条、一个图形、一种颜色,都应发自于心,以激荡人类灵魂这一原则为基础。

一、色彩

1. 色彩能够传达情感

首先色彩是表述内在需要的必要因素,它直接地传达着情感。康定斯基主张以色彩的点、线、面来创作艺术作品,因为色彩本身就有一种直接影响心灵的力量,康定斯基说:"色彩的和谐应和着人的心灵相应振动,这是内心需要的指导原则之一。"

当我们扫视一组色彩的时候会有两种感受。首先是一种纯感官的效果,即眼睛本身被色彩的美和其他特性的魅力所吸引。但我们的眼睛转向了别处,颜色的感官作用也就被忘却了。接下来如果再观察一下那组色彩,色彩的效果就会更深刻,感染力更强。这就使我们达到了观察色彩的第二种感受:色彩的心理效果。它们在精神上引起了一个相应振荡,从而产生了对色彩的种种生理印象。例如,红色会产生火焰所引起的类似感觉,因为红色是火的颜色,暖红色使人兴奋,但另一色调的红色却让人联想起流淌的鲜血,从而使人产生痛苦或厌恶。在这些情况中,色彩能唤起一种相应的生理感觉,毫无疑问,这些感觉对心灵会产生强烈的作用。

2. 色彩与音乐的关系

按"内在需要原则",康定斯基进一步对绘画中色彩这一要素与心灵的关系作了独特的解释。他认为颜色是直接对心灵产生影响的一种方式。色彩好比琴键,眼睛好比音槌,心灵仿佛是绷满弦的钢琴,艺术家就是弹琴的手,它有目的地弹奏各个琴键来使人的心灵产生各种波澜和反响。可见"内在需要"原则,在康定斯基的理解中,与音乐在本质上有极大的相似性。音乐和绘画一样都是康定斯基认为可以表达和宣泄感情的最佳工具,正因为如此,他认为这两种方式是相通的,或者说在一定程度上他们是可以相互表示的。康定斯基将抽象绘画中的色彩运用类比音乐中的音符,在他看来,色彩同样具有音响和旋律效果,甚至具有交响乐般的震撼力量。用色彩来展现音乐中的心灵震荡的效果,并直接到达精神深处,是那些只将眼光盯着客观世界的艺术家们所不具备的能力。这是一种直接倾听和再现"内在声音"的能力。

从这个角度出发,回过头来重读1910年康定斯基创作的第一幅抽象水彩画。在此作品中,康定斯基所能运用并付诸表达的,还只是音乐中的单声部音乐,即没有伴奏。节奏是散文式的自由节奏,没有固定的节拍,是一种配乐朗诵,每一个音节时而与一个音符相合,时而又与一组音符相合。在画面中,黑色、红色、蓝色、绿色、黄色,像高低不同的音符——况且颜色的运用有冷暖浓淡,线条有粗细刚柔,形成一种比七音符更丰富的音——用一种随意的节奏组合而成。红色作为中偏高的音色,在画面中较为活跃,是控制画面的主调,它顺畅连续,时而发出较为沉重的音,时而蜿蜒迂回,颤抖不止。

红色包围穿插引导着其他颜色,从而使整个画面结成一个较为完整的整体。康定斯基之后又创作了《构图第二号》。画面的空间排列着颤动的、急促运动的色块,主题故事被掩埋在抽象的图案之中,作品以丰富的色彩唤起了精神性的感受。此时,康定斯基开始用从音乐那里得来的加标题的方法来表达意图,即"构图""即兴""抒情"等。

在《论艺术的精神》一书中,康定斯基对有关绘画中的色彩与音乐的关系又做了精细研究。他说,"蓝色是典型的天空色……在音乐中,淡蓝色是长笛,深蓝色是大提琴,更深的蓝色是雷鸣般的双管巴斯,最深的蓝色是管风琴……绿色保持着它特有的镇定和平静,纯粹的绿色是小提琴以平静而偏中的调子来表现的……白色具有沉寂的和谐,就像音乐里的许多停顿暂时中止曲调一样,它不是死一般的沉寂……黑色是死一般沉寂的内在和谐,它是由那些深奥的最后的延长号表现的,在其后出现的乐曲好像另一个世界的黎明……淡暖红色是喇叭的声音,响亮、刺耳、清脆……朱红听起来就像大喇叭的声音,或雷鸣般的鼓声……紫色在音乐里是英国号式木制乐器深沉的调子……"此外还有冷红(茜红)、橙色、黄色等,几乎每一种色彩都可以赋予观者一种音乐的想象。在众多色彩组成的一幅画中,再加上线条的安排。造型的刻画就更像是一支色彩纷繁的乐曲了。

二、形式

1. 形式是内在声音的外部表现

狭义地说,形式就是一个面与另一个面之间的边线,这是它的外在含意。但是,它另有一个千差万别的内在含意。确切地说,形式是内在含义的外观。因此形式的和谐也"只能以有目的地激荡人类灵魂这一原则为基础"。

康定斯基认为,形式是否具备了个人因素、民族因素或风格都不是至关重要的,形式是否合乎时代的主流、是否多少地与其他形式发生关联或者是否完全独立存在,这些都无关宏旨,最重要的在于形式是否出自内在的需要。他对每一种绘画元素都作外在和内在的两方面分析:"就外在的概念而言,每一根独立的线或绘画的形就是一种元素。就内在的概念而言,元素不是形本身,而是活跃在其中的内在张力。实际上,外在的形并不具有绘画作品内容的特征,而这种力度等于活跃在这些形中的张力才称其为内容。"比如点,在绘画中"本身就是最简洁的形",只有张力而没有方向,无论是圆的点还是方的点或是其他形状的点,它的"内在张力总是向心的"。假如点是处在画面的正中,观者就清楚地听到一个单纯的声音。如果点不在画面的中心,而在画面的任意点上,立即就会出现两种声音,一种是点的绝对声音,另一种是点在画面所处位置的声音,这是点离心结构的声音。如果在这种离心结构上再加上一点,那么画面上的声音就会更加复杂,点的重复成了强化内在声音的有力手段。

康定斯基于1927年创作的油画《圆的重量》,是他这一理论的实际运用,这幅画面由大小不等、颜色不同的圆点进行组合、叠置。每个圆点、每块颜色既在各自位置发出自己的声音,又在相互关系中制约协调,构成一曲主次分明的点的旋律。抽象绘画的价值就是这种元素内在声音的和谐展示。

点在运动中留下的轨迹就形成了线,线的简单与复杂变化在于作用力的不同和方向的变化,这就决定了线的内在声音必然表现为张力和方向。直线、折线、曲线张力和方向的不同变化,内在声音就有简单与复杂之分。简而言之,康定斯基的"内在声音说"主要关系的是抽象绘画元素的张力、方向与联觉作用所唤起的主观精神,它是"内在需要原则"运用于抽象艺术的理论基础。比如康定斯基1925年作的油画《红色小梦》,就是绘画元素的离心、向心的内在特性,根据"内在声音"的和谐方式构成的。整幅画以红黄二色为基调,上有挺劲的直线、规则的几何图形、柔软随意的曲线,以及不同形状的大小的点,组合成一个音乐起伏、声色交织的完满世界。

2. 形式与音乐的关系

在康定斯基的绘画中,从点到线,以及点和线组合的构成,与音乐中从单音到旋律以及它们的组合,这两者在外在性上是何等的相似,而内在性又极为一致,甚至现在普及的音乐上的图形表现——记谱法,也不过是点和线的各种组合。基本上能够说,康定斯基以点线面为要素创作抽象绘画,不管外在性还是内在性上,主要的依据就是音乐。可以说,音乐是康定斯基绘画中的主题。如果从他的绘画中抽出音乐成分,不能说其价值无法存在,但至少仅流于一种拘于形式的装饰画。看康定斯基从早期到成熟期的作品就能够发现,其结构的发展过程,与音乐的从简单到复合结构的发展是完全一致的。绘画中的形式如同音乐一样"只能以有目的地激荡人类灵魂这一原则为基础"。

如线的波动、线的粗细变化就体现了一定的音乐意义,线的多重复合又产生更加复杂的音乐意义。与此对应,音乐又具有线的性质,各种乐器固有的音的高度,可以用线的宽度来表示,小提琴、长笛、短笛等发出的音形成极细的线条,中提琴、单簧管则发出略粗的线条,低音乐器中那幅度慢慢由窄变宽的线,也就是达到低音大提琴、铜喇叭的最低音的线。不仅是宽度,而且在色调上,那给人以各种色彩感的线,也可以由各种乐器的各种音色来表现,而旋律本身也体现为线。

对艺术形式要素的不断深入探索,康定斯基逐渐走向成熟,在创作上迈入理性的构成时代。他说创作绘画正如音乐的作曲一样,要有感性的发挥,也要有理性的安排。他的作品也越来越显示他的丰富思想。《伴奏的中心》即表现了这种思想:华丽的大幅作品,强调中央的大形态,用明朗的色面组合成独特的形象,周围陪衬着许多小形态,中心与各部分的伴奏,全体合成浑然一体,充满音乐感。

三、画面

色彩与形构成的画面是色彩与形内在精神和谐的物质媒介。艺术家在构造画面,选用色与形时主要取决于艺术家对物象"内在生命"的认识和艺术家的内在需要,故"物象的选择也只能取决于有目的地激荡人类灵魂这一内在需要原则"。

画家从"内在需要原则"出发来组织画面需要一个过程,大众接受画家的这种意识也需要一个过程。

1863年,在落选者沙龙中的一幅作品——印象派画家马奈套用古典式构图所作的《草地上的午餐》,激起一场轩然大波。习惯古典神话题材绘画的绅士淑女,一看到画面上的情景,不禁发出愤怒抗议,斥责它粗俗下流。在巴黎近郊森林中,身着当代服装的两位青年男子,陪伴着一名赤身裸体、容貌平凡的普通女子坐在草地上,旁边还摆着野餐的食品,俨然一幅当代游乐图。裸体的女神和美妙的仙境到哪儿去了?这是一幅违反公认原则和流行趣味的绘画,完全置高雅的惯例和神圣的传统于不顾。在具体的造型处理上,马奈用正面光削弱了女性形象细腻的明暗变化,把它简化成近乎平面的图形。自文艺复兴以来，西方绘画利用侧面光塑造立体形象和创造三维空间的法则，受到有力的挑战和冲击。从绘画观念和风格演变的角度看，这是意味深长的。老一代大师库尔贝敏锐地感到马奈这种手法的特点，把马奈作品比作扑克牌的黑桃皇后，一针见血地点明了他笔下形象的平面化倾向。而对平面的回归，恰恰是现代绘画的一大特点。

在《草地上的午餐》背后，隐藏着一种惊人的态度：画家有权根据自己的艺术需要，自由地构成画面，不必考虑情节和场面是否合乎常理、是否实际存在。画家为了创造优美动人的色彩效果，让当代绅士的黑色服装配合着雪白的女性身体，再加上一片绿荫，还有比这更理想的处理吗？在这种态度中，我们可以看到19世纪下半叶欧洲文艺界流行的为艺术而艺术的倾向。从那时起，绘画的主要问题集中在"怎么画"上，"画什么"则成为次要的事了。这便透露着"内在需要"将成为绘画的主要原则。

野兽派画家马蒂斯有两幅著名作品《音乐》和《舞蹈》。这两幅作品表明，画家的兴趣在于色彩的构图。他试图通过自己的想象，以最简明的形式和强烈的色块对比表达自己的情感。这组绘画符合马蒂斯所追求的那种可以消除疲劳的安乐椅式享受的目的。这两幅画均以红色画人物，绿色和深蓝为背景。《音乐》中五个裸体男子，好像五线谱上的五个音符，既给人以宁静的印象，又让人产生音响的幻觉。《舞蹈》中五个裸体女子手拉着手兴奋地围成一圈，既保持着永久的动态，又给人以平和的静态。这里反映出马蒂斯艺术的一个特点，色彩和图案的魅力既是其内容又是其形式。看来画家作画完全是在满足自己的"内在需要"。

蒙德里安的经历激发了他不同的灵感，1930年蒙德里安离开巴黎来到伦敦。由于二战烽火的波及，他于1940年逃往美国，在纽约度过了他生命中的最后四年旅程。纽约，这座现代化大都市，以其特有的繁华深深吸引着蒙德里安：那整齐严谨的街道布局、拔地而起的摩天大楼、充满活力的舞厅和爵士乐队，以及夜幕下流光溢彩、闪烁变幻的灯光……它们既与其绘画有着某种内在的相通，又洋溢着某种前所未有的新精神。于是，他的作品开始发生变化。那套使用了20多年的绘画程式被打破了。黑色网格和大的色块不复存在，取而代之的是由无数小色块组成的彩线结构和跳跃其间的小块面。它们快乐、明亮、生机勃勃且充满音乐感。

《百老汇爵士乐》是蒙德里安在纽约时期的重要作品，也是其一生中最后一件完成的作品,它明显地反映出现代都市的新气息。依然是直线,但不是冷峻严肃的黑色界线,而是活泼跳动的彩色界线,它们由小小的长短不一的彩色矩形组成,分割和控制着画面。依然是原色,但不再受到黑线的约束,它们以明亮的黄色为主,并与红、蓝间杂在一起形成缤纷彩线,彩线间又散布着红、黄、蓝色块,营造出节奏变换和频率震动。看上去,这幅画面比以往任何一件作品更为明快和亮丽。它既是充满节奏感的爵士乐,又仿佛夜幕下办公楼及街道上不灭灯光的纵横闪烁。这是蒙德里安艺术生涯的最后一个新发展。

蒙德里安一生的作品,清楚地展示了他从写实主义到几何抽象进程中的一次次努力和一次次成就。这是一个目标明确、永远精进的漫长历程。他如此坚持不懈地运用他的新造型主义原则,以至于他的名字已与新造型主义融为一体了。蒙德里安正是用作品中的内在精神激荡观者的灵魂。

艺术家的不同"内在需要"触发了多种灵感的源泉。康定斯基把现代艺术的灵感源泉概括为三种:一是外在世界的直接印象,由此涌出了1910年前的印象派绘画;二是内在感情世界的非理性自发表现,由此涌出了1910—1921年的表现主义抽象;三是对内在精神世界的理性加工,由此涌出1921年后的结构主义抽象。20世纪的西方美术,打破了古典写实传统,裂变为纷纭多姿的现代艺术流派,大大拓宽了艺术的视觉灵感源泉,进入多元共生的艺术新天地。那么绘画自然要遵循"内在需要原则",艺术家创作时越注重自己内心的声音的表达,作品就越能"激荡人类灵魂"。

艺术是艺术家内心主观感受的产物,艺术应该从客观物象的自然表象中解脱出来。一件艺术作品的整个创作过程应该是"情绪(艺术家心中的)→所感受的→艺术作品→所感受的→情绪(观赏者心中的)"。"色彩与形式本身便能构成一种足以表达情绪的语言因素;如同音乐之声音直接诉诸心灵一样。"艺术家的工作是如何组织那些形式与色彩的,使之成为一件足以表达内在情绪,并足以沟通观者心灵的作品。因此绘画"只能以有目的地激荡人类灵魂这一原则为基础"——"内在需要原则"。

(艾 然)

美术教学必须关注的几个问题

高中美术专业班教学是美术教育中一个特殊的阶段,通过这个阶段的学习,学生要具备考试的能力和高等美术阶段学习的基础,但这个阶段的教育对象是一群带有些稚气和缺乏一定自制力的学生。因此,在教学过程中,对以下问题的关注就显得很有必要。

一、要注重从单纯走向较为复杂的成熟思维的训练

在教学中,学生知识掌握的多少,理解力和意识水平的高低,决定了学习的成果。高一到高三每一个阶段的学习都应有相对的要求,总体目标和阶段性目标的把握对教师来说非常关键,在教学过程中要注意把学生的思维方式由单纯的思维方式向较复杂的思维方式去引导。比如,在素描教学中,新生写生的时候,喜欢抬起胳膊,竖起铅笔作尺子,比来比去。解决这样的问题,首先要告诉他这样的方法已不适合现在的学习状态,尤其是背后的观察、比较、判断方法。对形体的把握可以通过多种途径来进行比较,可以围绕物体的结构规律,物体结构在透视中的变化,平行与垂直关系的比较,形体特征和相互关系的分析,以某几个点连成的图形与自己的作业比较。当然用线段距离去把握仍然是最主要的抓形手段,应鼓励学生用观察与分析为依据,即使画面出现错误,通过比较分析、改正,也能为正确去理解把握提供帮助。这种思维能力的训练在高年级尤为重要,当问题出现在作业中时,教师应帮助他们仔细分析,在观察、理解、知识表现等方面具体指导,启发学生思维,从而进行画面的调整和深入刻画。

二、要注重自我反省机制的培养

教学中经常会发现许多同学的态度很认真,但进步平平,习惯上可能觉得他们"不够灵气"。事实上,认真探究就会发现,除去一些客观的原因外,自我反省力的缺乏是最重要的原因。这种能力是以分析和理解的提高为基础的,应有意识地对学生加以培养,在学习中,绘画的观察分析、表现方法的正确建立是重要环节。进校前学生所受美术学习训练的途径各异,教师的教法也各异。特别是一些"学徒式"的教学,让学生在练习中总在习惯性地以某种作业效果来衡量,习惯性让学生忽略背后问题的思考,造成了一些知识点的掌握和理解不够,学习就会变成被动的过程。理想的学习状态是积极发现和把握新的知识点,新的学习问题,在对问题的解决与调整中得到进步。学生反省能力的形成,对自我判断、自我分析、自我矫正、自我要求所激起的潜力会是巨大的。

三、要注重阶段性学习目的的明确

课堂教学中明确的目的性有利于把作业的要求与作业中的问题提示出来,这种"先拆开后整合"的方法在基础练习中很有作用。分析一张习作时,我们会发现画面出现的问题涉及多方面。针对这些问题的解决,就要强调知识点的先后、逻辑关系。在对刚进校的学生进行几何体、静物素描教学时,首先应花较多的课时着重解决透视,然后引导学生练习形体在透视中的把握。形体一直是存在的,透视当然也不可能脱离开来。但如教授过程有所侧重,会使学生的学习思维比较明晰,甚至对高三年级的头像、半身像练习都会产生影响。多数学生在最初的色彩练习中素描观念比较重,因而教师在讲授色彩知识的同时,可鼓励学生在习作中放松地感受和表现静物最丰富的色彩变化。这样可以使学生先放开习惯定式,敢于去观察,去表达,一段时间后再着重色彩知识和写生应用,然后过渡到把握色调,表现体积、质感、空间感的练习。

四、要注重综合能力的提高

高校的选才标准不断提高，那种即使具有较好艺术素质的初学者也难以进入较好的高等艺术殿堂。因此面对着不同要求的不同高校和灵活多变的应试内容，加强美术知识和绘画能力的综合训练也就显得尤为重要。知识面宽了，眼界才能广，以后的创作才能具有灵活性。绘画技巧的全面掌握与合理应用，将会从专业应试的被动、被选择中转变为有把握的调整过程。

每个高等学校的招生考试对美术生提出了不同的要求和标准，这也增加了中学美术教学的复杂性。在学生能力的训练中，基础写生能力的训练和创作能力的训练都要关注，但这两种能力的有机整合和合理安排，是新形势下的重要课题。作为教师，面对着不断发展变化的美术考试的新要求和新趋势，自身知识结构的调整补充学习，特别是对教学手段和方法的思考以及在实践中不断的修正，是取得良好教学效果必不可少的过程。

（吴　翦）

◎管理之美

优化美术特色班教学管理　提升美术教学品质

教学工作是学校的中心工作，教学管理是学校管理的重要组成部分，是提升学校办学品质的重要保证。教学管理包括课程管理、课务管理、课堂管理、教研进修管理、教学质量管理等方面。宁海中学美术特色班围绕"以美立教"，优化教学管理，取得了显著成效。

一、优化美术专业课程

1. 传承与创新相结合，不断修订完善美术课堂教学校本课程

新修订的美术课堂教学校本课程最大的亮点是美术校考教学内容的适度提前。原先在美术省统考后才进行各大艺术院校单招考试内容的训练，现在把部分创意作业的训练提前到高二下学期和美术省统考集训前进行。

2. 与时俱进，不断开发课堂之外的美术校本课程

新开发的课程包括西方美术鉴赏课程，书画名家讲座课程，各年级的风景写生课程。西方美术鉴赏课程邀请南京师范大学美术学院左庄伟教授主讲，受众为高二美术班学生。时间安排在每年江苏省学业水平测试后的4～6月，每周一次，每次一个半小时，共计8次课。书画名家讲座课程针对高一的主要是讲授中国画的欣赏和创作，针对高二的主要是讲授西洋油画的欣赏和创作。每学期高一、高二年级各安排一次讲座，每次2～3小时。目前，到学校开展过讲座的书画名家包括中国国家画院杨晓阳院长、著名书画家高云、著名油画家邢健健、江苏省中国画副会长张广才等。风景写生课程安排如下：每年3月底到4月初（清明节前）安排高一美术班学生到安徽泾县查济古村落写生一周，写生内容以风景速写和风景素描为主；每年4月底到5月初安排高二美术班学生到安徽黟县宏村古村落（或安徽泾县黄田古村落）

写生创作一周,内容以风景色彩写生为主,适当兼顾风景素描、速写。

二、平衡美术班课务

1. 兼顾文化,科学安排各年级课务

近年来,文化课的成绩在艺术类考生高考录取时越来越重要。为平衡文化课和美术专业课之间的关系,尽量减少美术专业课对文化课的挤占,从高一到高三都把部分原来放在白天的专业课调整到晚上。高一、高二各安排一次晚课,高三安排两次晚课。每个年级每次白天的专业课,只安排半天(另外半天安排文化课)。

2. 遵循规律,合理安排专业课时

依据学生身心发展规律和认知规律,结合江苏省高考方案,安排三个年级的美术专业课时。高一每周3次专业课共12课时(2次白天,1次晚上),高二每周5次专业课共20课时(含周六,4次白天,1次晚上),高三省统考集训前每周8次专业课共32课时(6次白天,2次晚上)。省统考和校考集训期间除早晨两节文化课以外都安排美术专业课。

三、追求高效课堂

1. 集思广益,专家论证,科学安排教学计划

高效工作,计划先行。科学的教学计划是实现高效课堂的重要前提。每学期制订教学计划时,要求全组老师参与讨论,分年级制订,形成初稿。初稿形成后,邀请南京师范大学美术学院或南京艺术学院专家教授修改,形成修改稿。修改稿再拿到全组教师会上讨论,结合学校实际,形成最终的各年级教学计划。

2. 加强研究,深入了解名校单招考题

为提高各大高校美术校考辅导的针对性,高三所有美术教师被分为四组研究相关高校单招试题。四组分别为中央美术学院和清华大学美术学院组、中国美术学院组、其他美院及艺术类高校组、综合类高校组。每组3人,由其中一人牵头。要求每组深入研究相关高校近五年校考试题。每组牵头人与学校签订责任状,确保著名高校的校考合格率稳中有升。

3. 挖掘潜能,分类组织校考辅导团队

为使美术教师的专业技能得到充分发挥。学校根据每个教师的专业特长,把所有美术教师分为五个校考辅导团队。分别是线描团队、装饰画团队、陶艺团队、雕塑团队、工艺器皿团队。要求每个团队有专人负责,成员间分工合作,针对校考要求进行专项辅导。

4. 适时安排学生参观、学习

每年安排高二美术特色班部分学生赴意大利参观、学习、交流。适时组织美术班学生到省市美术馆、南京艺术学院美术馆等艺术场馆观摩中国当代著名书画家的作品。

5. 精心组织专业测试

阶段性的重要测试,如期中、期末考试,高三美术省统考模拟考试等,统一试题、统一时间、统一监考安排、统一画纸规格、统一密封、统一阅卷。一般会安排南京师范大学美术学院、南京艺术学院、江苏第二师范学院等省统考阅卷组专家阅卷。

6. 狠抓教学质量跟踪分析

建立高一入学新生的成绩档案;分年级分画室进行期中、期末和省统考模拟考试的质量分析,包括素描、色彩、速写等各科的均分,各科的推进率等。

7. 进行学生评教评学问卷调查

每学期结束前,各画室同学填写美术专业教师教学状况的调查问卷。问卷采用匿名方式,当场收回,以保证学生能够公正、客观填写。调查问卷包括教师的教学态度、组织教学等十个方面的内容。

8. 强化过程性监控

为提升教学管理实效,对美术专业课加强检查考核指导,及时总结经验,确保教学质量稳中有升。先后建立教师候课、班主任到岗、学生出勤的考核制度,专业课的巡课制度,学生作业定期检查评估制度。教师候课、班主任到岗、学生出勤的考核,由专人负责检查记录,并在第一时间通过校讯通向全校通报。专业课的巡课,具体要求每一次专业课管理人员和班主任在上下半场各巡视一次各班画室,了解师生的教学常规情况和学生的学习状况。巡课中,如果发现美术专业教师课堂存在问题,由分管领导约谈,如果发现学生存在问题则向相关班主任和美术教师通报。

9. 定期组织美术专项督导

每学年在美术省统考前一个月左右都会安排对美术特色班的专项督导。督导内容包括各年级美术特色班专业课教学计划、教研活动、美术专业教师课堂教学情况,学生学习状态,班主任的班级管理等方面。其中美术专业教师课堂教学视导由高校专家牵头,学校美术专业教学顾问辅助实施。

四、恒抓师资队伍建设

1. 召开专门会议,提升美术教师和美术特色班班主任的思想境界

自2013年以来,学校每年都会在暑期召开美术教育研讨会,目前已举办了三届。参加人员包括全校中层及以上领导,全体美术教师和美术特色班班主任。通过每一次的美术教育研讨会,营造氛围、统一思想、确定目标、明确要求,取得了显著成效。

2. 出台专项条例,按章管理美术特色班的师资队伍

没有规矩,不成方圆,依法管理,条例先行。为了强化美术特色班师资队伍的管理,学校先后出台了《南京市宁海中学美术教师教育教学行为规范细则》《南京市宁海中学美术班班主任专业课管理规范细则》《南京市宁海中学美术班学生专业课行为规范细则》《南京市宁海中学美术班教育教学管理考核评价细则》等与美术特色班相关的教育教学管理条例。正是因为有了一系列的专项条例作为美术教育教学管理的依据,我校美术特色班的教育教学行为越来越规范,美术高考成绩越来越好,美术特色班的声誉越来越高。

3. 定期组织开展专业进修活动

高水平的教师团队是学校可持续发展、高位发展的基石。师强则校强,强校必先强师。为提升美术专业教师的业务水平,每两周安排一次全组中青年教师的集中绘画。绘画题材为各年级近期美术专业课授课内容。绘画完成后,要求教师们相互交流,各抒己见,然后各年级备课组长再进行点评。学校有计划地定期安排美术教师到清华大学美术学院培训;定期安排年轻的美术教师到南京师范大学美术学院培训。

4. 定期组织开展教学研究活动

每两个月组织一次美术组全体教师参与的教研活动,邀请南京师范大

学美术学院和南京艺术学院专家指导。到学校指导教学教研的专家包括南京师范大学美术学院陈亮教授、吴维佳教授、张珏教授,南京艺术学院的张连生教授、孙胜银教授、单德林教授等。每两周组织一次分年级组教研活动。要求各班各画室教师带着学生近期作品参加教学研究活动。要求各年级备课组长对学生作业进行点评。

5. 适时组织美术教师观摩书画名家作品

向大师学习,向大师致敬。为拓展美术特色班师生的视野,提升审美眼光,提高艺术素养,学校经常组织美术特色班师生参观书画名家作品展。美术教师赴上海先后观摩过莫奈、塞尚、梵高、毕加索等大师的作品。

6. 适时安排高三美术教师和美术班班主任外出参观学习

他山之石,可以攻玉。学校先后组织过高三美术教师和班主任赴常州五中、大连十五中、苏州六中参观学习。通过参观学习,一方面拓展了美术教师和美术特色班班主任的眼界,另一方面,使教师们对学校美术特色班的办学有了更为清醒的认识,更加注意扬长避短、取长补短。

7. 适时安排相关教师到北京、杭州画室观摩

北京和杭州是国内美术培训机构最多、水平最高的地区。一些画室的专业化程度越来越高,美术专业的培训水平比较高,美术校考成绩也比较突出。到北京、杭州画室观摩学习有利于拓展美术班的教学管理思路,有利于美术专业教师的业务提升。

教学管理始终要坚持有利于学生发展、有利于教师发展、有利于学校发展的基本原则。教学管理一定要符合时代发展的需求,所以优化教学管理始终在路上。

(朱 云)

优化教师专业发展　提升美术教育品质

随着教育形势的进一步发展,艺术教育正面临新一轮的变革。《国家中长期教育改革和发展规划纲要(2010—2020年)》对艺术教育提出更高的要求,为艺术教育的发展提供了强大的政策支持。宁海中学近30年美术办学的成效得益于学校有一支专兼职结合的良好的教师队伍。宁海中学美术教研组现有教师30名,其中在编教师10名,外聘教师20名。在编教师中有特级教师、国家级骨干教师、全国知名画家各1名,硕士研究生3名。外聘教师主要是来自全国知名艺术院校如南京艺术学院、中国美术学院、中央美术学院的毕业生。从总体上看,这支教师队伍老中青搭配较为合理,梯队传承相对稳定,有着浓浓的宁海情结。美术教研组氛围好,教师责任心强,在合作中竞争,在竞争中合作。三个年级的教师形成三个教学团队,负责年级组的专业教学,全组上下为宁海美术教学发展付出了辛勤努力。但是与学校美术教育发展的实际要求相比,从江苏省唯一一所美术课程基地应具有的辐射性、影响力来看,我们认为在美术教师队伍建设方面还存在着许多亟待完善的地方。如美术教师的专业发展意识需进一步增强,名师培养力度需进一步加大,高级职称教师人数不足现象需尽快加以解决,教师的教学研究水平还需进一步提高;对高考规律的遵循和把握还需进一步跟进,特别是对校考备考的研究还需进一步采取切实可行的措施。因此,为进一步提升美术教育品质,学校通过采取一系列措施来优化教师专业发展,取得了明显成效。

一、氛围引领,培植学校文化认同感

文化认同,是人们在一个民族共同体中长期共同生活所形成的对本民族最有意义的事物的肯定性认同。其核心是对一个民族的基本价值的认同,是凝聚这个民族共同体的精神纽带,是这个民族共同体生命延续的精神基础。具体到学校教育,文化认同更多地表现为学校内的每一个成员对学校最有意义、最富有价值的肯定和认同。为此,学校充分尊重美术教育教学的发展规律,注意氛围引领,引导教师对学校的文化认同。

1. 营造向上氛围,激发教师潜力

为进一步挖掘美术组成员的自身潜力,学校定期开好艺教处处务会、大组教研会和备课组会,传递正能量,弘扬主旋律。通过提高外聘教师的待遇和地位,对外聘教师中的优秀人才、典型事迹及时进行表扬宣传等,注意调动外聘教师的主动性、积极性和创造性,不断增强外聘教师的归属感,努力营造既尊重个性又发挥团队力量的向上工作氛围。

2. 加强专业研讨培训,促进文化认同

为进一步突显美术教育的重要性,从2013年起,学校每年暑期举行专门的美术教育研讨会,对美术教育予以全方位的关注。每届研讨会主题集中,目标明确。第一届重在抓好教育教学常规,在集思广益的基础上,形成宁海中学美术教学常规管理规定,从班主任、美术教师和学生等方面明确要求加强管理。第二届研讨会重在形成教学团队负责制,在校长室的指导下,美术组形成三个年级教学负责团队,每个团队安排一名负责人,具体负责本年级教学管理,三个年级教学团队在合作中竞争,形成良性的竞争氛围。第三届研讨会重在内涵建设,品质提升,从教师发展、课程品质、绿色接力等方面提出规划,最终达成共识。每次两天的教育研讨,形式多、密度大、针对性强、参与度广、效果显著。研讨形式多样,既有集中学习,也有分组讨论;既注重加强理论学习,又注重解决实际问题,以切实帮助教师提高教育教学水平。实践证明,美术教育研讨会的召开,很好地起到了凝心聚力的作用,促进广大教师的学校文化认同感。

3. 重视师德培训,增强责任感和使命感

正确的人生观、价值观和良好的师德是教师专业素质的灵魂,对教师专业发展起着指向性作用。在氛围建设中,学校特别重视师德培训,每年围绕加强教师职业理想和职业道德教育等方面开展一系列的培训和活动,增强了教师教书育人的责任感和使命感,使教师严谨笃学,淡泊名利,自尊自律,以人格魅力和学识魅力教育感染学生,做学生健康成长的指导者和引路人。

同时将师德表现作为教师考核、聘任(聘用)和评价的首要内容。

二、专业发展,建立教师成长共同体

教师共同体是一种专业性的团体,是在学校推动下或在教师自发组织下,基于教师共同的目标和兴趣自愿形成的,旨在通过合作对话与分享性活动促进教师专业成长的教师团体。清华大学教育研究院常务副院长史静寰说:"教师职业不仅仅是规范的象征,更重要的是人格和职业的高度统一;教育的真谛并不仅是体现在教科书上的经典论述,更重要的是能够把所有的教育元素有效地组合在一起。"实践证明,教师的专业发展与教师共同体的成长密切相关。为此,学校注意做到以下几点。

1. 统筹规划,确定教师发展战略

"十二五"期间,学校率先成立教师发展中心,用于规划教师发展,制订相关制度,实现目标管理。学校立足一个目标,即教师专业化成长作为教师发展的根本目标。以学校内涵发展为动力,以教师专业发展为内核,以科学管理为手段,以制度建设为保障,拓展发展空间,实施精致管理,努力造就一支师德高尚、结构合理、业务精湛、充满活力的高素质、专业化教师队伍。实现校骨干教师、教学能手,区优秀青年教师、学科带头人,市优秀青年教师、学科带头人,省特级教师、省人民教育家培养对象的4级"梯级发展"战略。

学校依托现代网络计算机技术,加大资金投入,完成了"宁海中学教师业务档案系统"的设计和研发工作。该系统将教师的教学行为以直观的数据形式进行整理、归纳、分析,对历次各项检查的书面记录、获奖情况、教研组考评等材料记录在案,形成一系列完善的教师个人资料。该系统为学校、教师本人科学制订发展目标,合理规划未来提供了精确的数据保障。教师通过个人业务档案材料,能够了解自己完成目标的情况,不断推动自己去实现既定目标。

美术教研组作为学校第一大教研组,人数多,承担的教育教学职责重,是学校发展的"半边天"。美术组的教师专业发展情况理应成为学校教师发展规划的重中之重。教师发展中心定期布置专业发展要求,定期总结,努力促进教师专业发展。为此,学校将美术教师的业务培养纳入计划,定期安排美术教师到清华大学美术学院或中央美术学院培训;每学年安排教师到大

连十五中、清华大学美术学院附属中学等美术教育有特色的兄弟学校交流学习一到两个月时间。这对完善我校的校本课程和教师的专业发展起到了较大的促进作用。

此外,为保证美术教师可持续发展,学校借助上级领导的关心,打破美术教师的引进瓶颈,不断充实美术教师队伍。通过不断完善聘任机制,对责任心不强、教学效果不佳的教师或辞退或诫勉谈话。定期组织评教评学活动,了解美术教师的德、能、勤、绩情况,为后续聘任提供依据。

2. 课题引领,推动教师专业发展

长期以来,学校一直重视通过课题研究来助推教师专业发展,取得了非常可喜的成绩。在课题研究中,特别重视将课题与教师的教学实践相联系,杜绝课题研究走形式。学校相继进行了"学校美育途径的探索与研究""新课程背景下和谐师生关系对学生成长作用的研究""中华传统美德教育研究""现代课堂教学模式研究""构建德育体系,推进德育现代化""普通高中美术特色校本课程品质提升的行动研究"等多项国家、省、市级课题研究,为教师专业发展起到了积极的促进作用。

随着课题研究的深入,团队的合作显得尤其重要。通过团队的合作,开展团队建设,促进教师团队互通有无,共同发展目标的实现。学校几年来的课题研究均以学校集体课题为主,通过课题研究过程中的共同协作,集体作战磨炼了团队的互助能力。国家级课题"普通高中美术特色校本课程品质提升的行动研究"课题组核心成员具有教管、美术、中文、数学、英语、物理、信息等不同学科背景,都参与过学校市级教育规划课题的研究,成员中有主管教学副校长,有学校教育、教学管理中层,有省特级教师、市区学科带头人,均为市、区教学骨干,其中多人有专著出版,在核心期刊发表论文,具有较强的教科研能力。学校把富有教学经验,又有实验能力和热情的教师安排进实验组开展课题实验;把富有教学思想、有经验的老教师组织起来成立指导组进行课堂观察与指导;外聘资深教研员或专业人员作为专家组定期到校来进行指导;由学校分管教育教学的中层领导和教研组长成立管理组,以保障适合课题的管理制度的建设与实施,实现学校由传统管理向研究状态下的新的管理文化的转型。团队的协作不仅促进了学校团队的高效运行,而且促进了各部门、各学科、各位教师的专业发展。

3. 名师带队，搭建专业成长平台

陆长根老师是江苏省为数不多的美术特级教师，他见证并参与了宁海中学 30 年美术教育发展全过程。2010 年，鼓楼区成立了特级教师陆长根工作室，赋予了工作室促进教师专业成长、引领美术教育发展的重要职责。学校充分利用这一资源，"近水楼台先得月"，动员美术组教师积极参与活动，如"专家讲座""深入课堂""读书介绍""馆藏参观"等。"专家讲座"活动为美术教师打开了理论和实践相结合的研究通道；"深入课堂"活动丰富了一线教师的课堂实践，加强了不同课型的研究；"读书介绍"活动拓宽了美术教师的知识视野，相关专业书籍的介绍，提升了美术教师的专业素养；"馆藏参观"活动则提升了教师的艺术素养，开阔了教师的思维广度，丰富了教师的美术鉴赏经验，为课堂教学积累了一手资料，为有效教学增添了动力，为青年美术教师的成长提供了有效平台。

4. 教学研究，提升专业教学水平

逐步规范美术组的教研和进修活动。两周一次的教研活动形成常态，教研形式力求灵活多样，注重实效。如每个团队的教学负责人定期分析阶段性教学问题；针对一些外聘教师课堂教学存在的一些不足，教研时围绕教学方法等问题坦诚交流，提出改进意见；充分利用省城美术专家多的优势，定期邀请美术高考命题专家、阅卷老师到学校指导美术组教研、给美术班同学开讲座、给高三冲刺名校班学生现场指导。美术专家深厚的专业水平、开阔的眼界、对高考方向的敏锐前瞻，有效促进了美术教师的专业发展，让美术班师生受益匪浅。在抓好常规教研的同时，要求美术组保证两周一次的个人进修。进修时安排全体美术教师集中绘画，进行个人创作。最后安排教学负责人对个人作品进行点评。

为将宁海中学美术办学成果更多地辐射给兄弟学校，让宁海美术之花在省内外绽放，学校定期与结对学校在美术教育教学方面进行帮扶，派美术名师到结对学校（如淮安的范集中学、高淳的淳辉中学等）进行讲座和现场授课。热情接受省内外兄弟学校来访取经，如省内的苏州六中、省外的哈尔滨第三十二中学、深圳美术学校、吉林白城实验中学、中央民族大学附属中学等。在结对和受访过程中，广大美术教师的专业水平得到了很好的提升。

三、创新评价,激活专业发展成就感

高中教育教学评价始终紧跟课程改革和高考改革。评价既要重教学质量管理,又要重教学过程管理;既激励教学质量突出的,又关注教学质量进步快的;既看重全面提高教学质量,又鼓励培养优秀人才;既着力学生学习基础,又着眼学生终身发展。充满活力的评价机制,有效地激活了美术教师专业发展的成就感,促进了教育教学质量持续走强。

1. 坚持多维评价

教师的教育教学活动是一种综合性劳动,必须多角度、多层面对其进行评价。长期以来,宁海中学坚持从六个方面评价美术教师的绩效:一是教师自我评价,让教师正确认识自我;二是学生评价教师,以学定教,促使教师以生为本,努力创造适合学生发展的教育教学;三是教师之间互评,促使教师相互学习,相互交流,共同提高;四是邀请学生家长定期评价教师;五是校长评价教师;六是学校评定小组对教师的综合评价。这种对教师人性化管理的多维性评价,有助于让教师全面客观地认识自己。同时,做到定量评价与定性评价相结合,过程评价与结果评价相结合,阶段性评价与发展性评价相结合,起到了激励先进、鞭策后进的良好效果。

2. 坚持目标评价

目标是努力的方向,更是前行的动力。各年级的美术备课组结合实际,给本年级的美术教师制订切实可行的目标。高一年级结合美术专业入学成绩给教师制订目标。高二年级因下半学期小高考后,美术教师可能有较大调整,则制订上学期推进目标。高三年级既要有美术省统考名次目标,也要有清华大学、中央美术学院、中国美术学院等名校单招达线目标。目标达成离不开过程管理,特别是学习过程的质量监控。美术班每阶段安排一次专业水平检测及每学期的期中考试,要求背靠背命题,密封后各年级交叉阅卷;期末考试要求背靠背命题,密封后请外聘专家阅卷。

3. 坚持过程评价

通过各次检测,对于个别所教班级成绩下降幅度较大的老师,结合师德问卷调查情况和教研组听课情况,进行组内帮扶(如听课、名师指导、教研组长诫勉谈话等)。如果连续两次问题发生在同一个教师身上,且师德有较大

问题者,外聘教师解聘,本校在职教师则待岗。对于期末考试有较大进步者,结合年级组的过程性奖励,给予相关奖励。对于美术省统考成绩突出者,给予相应奖励(如省统考状元、前100名的相关奖励政策)。逐步完善清华大学美术学院、中央美术学院单招达线的奖励,高考录取的奖励等相关奖励制度。作为清华大学美术学院生源基地学校,对于录取清华大学美术学院学生的相关班级老师,也给予特殊奖励。

此外,为进一步提升美术教育的内涵发展,学校积极参加上级教育主管部门组织的各项赛事和宣传部门组织的公益活动,对参与组织的美术团队和个人,学校进行精神表扬的同时,借助教师专业发展奖励基金,实行物质奖励,体现过程性考核,有效地调动了美术教师的积极性。

4. 坚持终端评价

长期以来,在高考终端考核上,学校一直坚持以实绩论英雄。每年高考结束,学校根据当初定立的高考目标,依据相关条例制度,对高三美术团队和个人进行考核奖励。考核时突出团队,以实现总体三级目标为核心,只有团队达到了目标,才有相应的奖励。对考核结果优秀的教师个人,则加大奖励力度,坚决改变考好考坏一个样的不合理现象。为进一步调动教师投身教学、无私奉献的积极性,每次终端评价还专设"校长室特别奖",表彰那些为美术教育事业作出重大贡献的团体和个人,以起到榜样示范引领的作用。公平公开的终端评价,营造出风清气正的教学氛围,广大美术教师,不论是正式教师,还是外聘教师,都对学校产生强烈的归属感和认同感。

2015年是"十二五"最后一年,也是"十三五"开局之年。学校"十三五"发展规划的蓝图已经绘就,其中关于教师专业发展的目标已经确立,作为学校美术特色发展的排头兵,美术教师专业发展将会得到长足的进步,全体美术教师一定会为打造一支高素质、高水平的美术专业团队而努力奋斗。

(刘宏业)

"美的教育"在美术特色班学生管理中的实践探索

宁海中学历经30年艰苦实践,在深入思考、广泛实践的基础上,走出了一条具有鲜明特色的宁海美术教育之路。以美术特色为根基,结合学校目前发展实际,提炼出"美的教育"办学理念,贯穿于学校教育的全过程和学生日常生活的各个方面,渗透在德育、智育、体育、美育各领域,落实在教学、管理等各项工作中。作为处于灵魂和统帅地位的德育工作,也在"美的教育"引领下,进行了学生管理的实践探索,践行美的教育,为学校美术特色的持续的高品质发展奠定了坚实的基础。

一、以健全的制度之美,立学生管理之根本

"没有规矩,不成方圆",美术特色班学生的规范管理,是美术特色班发展的基石,是管理学生的根本依据。学校领导对此十分重视,专门成立了美术特色班学生管理领导小组,制订了健全的美术特色班的德育教育管理体系,由校领导、学生处和艺教处、年级、班级形成的四级管理体系,做到德育管理全方位、多层次、交叉覆盖,力求无死角。

学校要求所有的美术特色班学生首先要遵守基本的校纪校规,同时学校为了更好提升美术特色班的学生管理,从实际出发,出台了若干服务于美术班学生的管理条例,如《宁海中学高三美术班住宿生管理条例》《宁海中学美术班学生一日常规》《宁海中学美术班学生画室卫生管理细则》《宁海中学美术班学生三好学生、优秀学生干部评选条例》,这些条例是基本的德育制度的补充,充分考虑了美术特色班学生的专业特点、时间安排等因素,为他们创造了有美术特色的评优评先的平台,很好地调动了他们的积极性。

二、以常态的管理之美,提学生常规之品质

中学时代正是培养人生观、世界观、价值观的重要阶段,但也是在这个阶段,同学们有较强的叛逆心,对各种是非难以判断。健全的管理制度,既是约束又是教育,既是管理更是关怀!它能提高学生明辨是非的能力,能使学生养成良好的习惯,使他们更好地为自己负责,体现了以生为本的理念。常规立校是宁海中学的治校之本,是学校有效进行美术特色班学生管理的基础,是培养孩子们良好素质的重要途径,更是构建和谐稳定、蓬勃向上的校园氛围的重要保障。

宁海中学的美术特色班常规管理,从横向上看,涵盖了全校各个美术特色班级的卫生、眼操、文明礼仪、考勤、大课间、班会、黑板报、集体活动以及宿舍管理;从纵向上看,覆盖了美术特长学生从早晨一进校开始直到放学离校,如早晚自习、课间、午休管理等,从开学的第一天直到最后一天。

宁海中学近年来始终坚持持之以恒的规范管理常态化,为此学校统筹协调,各级管理部门既各司其职,又通力合作。以早晨为例,值周组、学生处实行校门口执勤制度,6:50开始检查学生的文明礼仪、校服发饰、考勤等情况,7:10由校医室开始进行卫生检查;而年级组内从年级主任、组长到班主任坚持每天早晨7:00进年级、进班级管理,而校领导则早早就开始校园、教学楼的巡视,仅仅从早晨的学生管理就可以看出,宁海中学的学生管理是多部门交叉、全方位覆盖,其他时段亦是如此。同时学校还坚持每日进行常规反馈,学生处、艺教处对每日的常规情况准确及时反馈到班、到人,便于年级组、班级有效整改。正是基于这样的常态化管理模式,保证了我校美术特色班学生各项常规的品质提升。

三、以班主任的教育艺术之美,塑学生品格之精髓

美术特色班的班主任肩负着比文化班班主任更艰巨的使命,作为美术特色班学生思想的引领者,采用苍白的说教和一味严厉的强势教育都是收效甚微的做法。泰戈尔说过:"不是锤的打击,而是水的载歌载舞才形成了美丽的鹅卵石"。学艺术的学生一定要有一位有教育艺术的班主任。为了

加强美术特色班德育队伍建设,形成一支掌握教育艺术的专业化美术特色班班主任队伍,学校每年举办美术特色班班主任培训,对班级管理进行深入的总结、研究、探讨,对新任美术特色班的班主任,还要就学校美术专业三年的整体规划进行扫盲性培训,让美术特色班班主任把握学生阶段发展,心中存有整体规划。学校努力创造班主任对外交流与学习的机会,尤其是和同类美术特色学校的相互交流,更能开阔视野,学习他们的先进的工作方法和教育经验。依托教科处,鼓励班主任撰写德育论文或德育案例,并邀请专家为之修改、评定,给他们搭建德育教研的平台,引发班主任在美术特色班管理中的反思,促进工作的提升。

正是学校对美术特色班班主任队伍的精心培养和重点打造,使学校拥有了一支甘于奉献,勇于担当,有高超的教育艺术的骨干班主任队伍,深受学生的喜爱。每位班主任都有自己的带班风格,但共同的特点是与学生沟通无障碍,学生愿意"亲其师,信其道",真正做到相互赏识、尊重、宽容,而学生正是在这样的教育下,感受着如沐春风的教育氛围,于无声处塑造着学生品格的精髓。班主任在平时的班级管理中总是做一个有心人,不断地去了解学生、走进学生,从学生的实际和需求出发,真正做到"随风潜入夜,润物细无声"。

四、以主题活动的创意之美,润学生艺术之灵魂

丰富多彩、健康积极的德育主题活动能够增强学生的自信,为学生提供展现自我的舞台,更有利于提高学生的意志力、进取心、责任感和荣誉感,从而促进学生的全面发展;为校园增添更多的积极气息,可以营造良好的生活、学习氛围,是校园文化建设的重要组成部分。

宁海中学开展了丰富多彩的系列主题教育活动。

(1) 暑假社会实践系列活动。每年新高一和新高二全体同学都会到部队锻炼,磨炼意志,增强组织性、纪律性,同学们每年在汇报表演中呈现出的纪律意识、责任意识让所有家长、老师为之动容。

(2) 体育节系列活动。其中创意无限的秋季运动会在每年9月30日举办,每次运动会开幕式力求创新,近两年新增加了班主任方阵,展现了班主任团队的蓬勃朝气,增强了师生之间的情谊和班级凝聚力,运动会还力争体

现全员参与的理念,趣味项目参与度高,有各班学生代表队、各年级各部门教师代表队,还有高一高二家长代表队,师生同乐、家校同乐,气氛热烈,效果显著。体育节会举办各类体育竞赛活动,如广播操、醒脑操、太极拳、武术操比赛、冬季三项比赛、各年级篮球、足球、排球、羽毛球联赛等。比赛一律邀请专家指导,保证公平有序,当场评出奖项并进行表彰,取得很好的效果。

(3)艺术节系列活动。以"闪艺术之光,展青春风采"为主题的艺术节由"一二·九"合唱比赛、"宁海好声音"歌手大赛、街舞比赛、民乐比赛、班级文化设计比赛、摄影比赛、文艺汇演等若干个系列活动组成,美术特色班学生在艺术节期间积极参与,大展身手,推动了校园文化艺术健康发展,润泽着他们的艺术灵魂,展现了自身才华,促进了他们的全面发展。

五、以班级的文化建设之美,富学生道德之内涵

古人云:"蓬生麻中,不扶而直;白沙在涅,与之俱黑。"这说明一个良好的班级氛围对整个班级发展和学生个性的培养具有重要的影响。班级文化是一种隐性课程,具有无形的教育力量。不仅会加速班级的发展,也会加速个体的发展,会使班级向心力、凝聚力得到不断加强。

美术班特色非常注重班级文化的建设,建设班级文化的内容是丰富的,形式也是多样的。他们对班级物质文化环境进行优化,如绿色植物、节日挂件、图书角、荣誉墙、许愿树等;他们创建了良好的班级制度文化环境,如班级公约、班级日志等;他们营造了班级精神文化环境,即班级成员认同的价值观念、价值判断、价值取向、道德标准、行为方式等,这也是班级文化建设的深层次要求;他们开展了各种文化活动,用自身的言传身教使美术特长学生在潜移默化中受到熏陶与感染,让学生形成了积极的道德情感,丰富着学生道德情感的内涵,从而将道德认识内化、升华为道德信念和道德理想。

六、以学生的自主管理之美,强学生发展之动力

宁海中学有着健全的学生自主管理制度和有效的运作方式。《宁海中学课间操学生自主管理制度》《宁海中学眼操学生自主管理制度》《宁海中学卫生检查学生自主管理制度》《宁海中学宿舍学生自主管理制度》等对保障

学生的自主管理起到了积极作用。学校鼓励学生会干部、相关社团干部积极参与学校管理,同时学生校长助理小组也是学生锻炼自我、参与学校管理的重要形式。

学生干部的自主管理遵循民主选举、自主工作、适当引导的原则。实践证明,学生自主管理大大提高了学校管理的效率和质量,有利于激发学生的学习兴趣,调动学生参与的积极性、主动性,有利于增强学生的创新意识,培育高尚的品格、健全的身心,全面提高学生的素质。

从一定意义上讲,宁海中学30年的美术教育之路,也是不断探索的美术特色班学生管理之路。我们将会在这条路上继续充满信心地披荆斩棘、执着前行,因为我们一直憧憬着,所有的孩子都能从我校的美术教育中汲取养分,当他们走出宁海校门时,都能成为学有专长、德才兼备的美术专业人才,也能成为志存高远、脚踏实地、孜孜以求的生活强者。路漫漫其修远兮,吾将上下而求索!

(安文琳)

◎学科之美

画中的历史 历史中的画

19世纪以来,美术界群星璀璨、流派纷呈,新古典主义、浪漫主义、现实主义、印象主义、后印象主义、现代主义此起彼伏,前一个还未衰落,后一个已经兴起。这些流派对现在仍有影响。下面让我们一起走进19世纪以来辉煌的美术殿堂……

第一展厅 传统与革新——从新古典主义到浪漫主义(18世纪末到19世纪中期)

1. 新古典主义

18世纪末至19世纪初的西欧,是各种艺术风格互相较劲的时代。而法国处于大革命前后的剧烈动荡中,启蒙运动、大革命相继进行,自由、平等、博爱的口号响起。而艺术家们在资产阶级革命的浪潮中开始寻求一种复兴古代希腊罗马的艺术理想,他们热衷于用古典形式来表达自身对勇气、牺牲和爱国等的理解。当时发现的庞贝和赫库兰尼姆遗址更是激发了他们对古代世界的兴趣。法国画家大卫是新古典主义的旗手,而他的学生安格尔更是将新古典主义推向一个独特的高峰。

在法国大革命前,大卫的绘画主要是借用罗马的历史故事来激励当时的民众。创作于1785年的《贺拉斯兄弟的宣誓》描绘古代罗马城与阿尔巴城交战,双方各派三兄弟,虽然双方有姻亲关系,但贺拉斯三兄弟为了全城的利益毅然杀死对方。此作

贺拉斯兄弟的宣誓

在展出时反响热烈,有人认为,这幅画所颂扬的忠诚为国的无畏精神无形中也预应了即将爆发的大革命的法国的社会心理。

苏格拉底之死

《苏格拉底之死》(1787年)是画家用选自希腊历史的一个题材而创作的作品。根据柏拉图的记载,苏格拉底坚决不放弃自己的原则,而宁愿选择死亡。

1789年法国大革命爆发后,大卫除自己积极投身于革命外,还以画笔作武器,直接歌颂大革命及其英雄人物,如1793年创作了《马拉之死》,使法国的新古典主义美术具有了强烈的政治色彩,这在世界美术史上是不多见的。

马拉是激进派的记者,因患有严重皮肤病,夜间不得不泡在浴盆中才能坚持工作。保皇派根据马拉这一工作习惯,派一名女保皇分子假装请求马拉保护,进入马拉房间,趁马拉接过她要求帮助的便条时,刺死了马拉。

凑巧的是,马拉被谋杀的前一天,大卫访问过他,因而对马拉在浴缸工作及其所用的物品相当熟悉。大卫没有去描绘暗杀的血腥场面,而是选取了一个令人惊愕得说不出话来的片刻,真实地再现了马拉被刺身亡的情景和现场的每个细节。画中,马拉的形象非常接近基

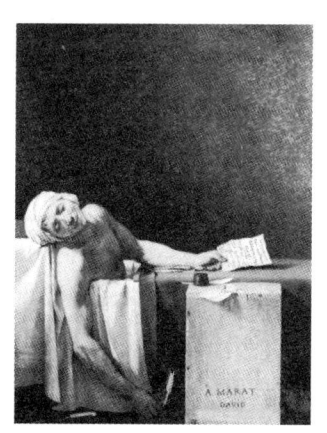

马拉之死

督受难后的样子,凸现了马拉为其政治生涯而殉难的性质。被鲜血染红的浴缸水以及布单,地上的刀具与马拉手中的鹅毛笔又形成了极为鲜明的反差。前者是导致暴力与死亡的工具,后者则是同革命性和政治性的写作联系在一起的笔。木箱是马拉泡在浴盆中坚持工作时用的小桌子,在全画中又像为英雄所立的一块不朽的纪念碑。木箱上放着一张小纸条和纸币,纸条上是马拉遇刺前写下的一段感人肺腑的话:"将此支票交给有五个子女的母亲,她的丈夫为保卫祖国献出了自己的生命。"黑色的背景使人物形象显得更加突出,但黑色之中自左向右渐渐变亮,不仅使单纯的背景富有变化,

而且似乎蕴含着画家的某种寓意。

大卫的学生安格尔是新古典主义的中坚力量,他的作品《泉》充分展现了人体美与古典美的完满结合。

师:请同学们小结一下新古典主义美术的特点。

(以古代历史和现实重大事件为创作题材;表现形式方面,强调素描,构图对称、均衡。最大的特点是强调理性。)

师:还有,新古典主义在题材和表现形式都有一定的局限。

2. 浪漫主义

拿破仑统治结束后,人们对资产阶级启蒙思想家推崇的"理性王国"感到失望,寻求新的精神寄托。这种情绪反映在美术创作领域中,就产生了浪漫主义美术。

浪漫主义强调个性、激情、想象。艺术家不屑于古典主义形式的束缚,他们普遍赞美高于理性的情感,以自由的精神,艺术的手段记录和表达个人情感。反映了欧洲资产阶级上升时期主张个性解放,反对古典主义和传统观念束缚,主张创作自由,强调情感抒发。

自由引导人民

法国是浪漫主义艺术家最集中的地区,而德拉克洛瓦则是其中最举足轻重的传奇般人物,被称为"浪漫主义狮子"。他对色彩无比迷恋,他的信条是"人必须勇敢地面对极端的事物;唯有勇气,非常的勇气,才能成就美感"。德拉克洛瓦一生创作作品近万幅。其中的《自由引导人民》取材于1830年法国人民反对波旁王朝复辟封建专制的"七月革命"。这场革命发生在1830年7月27日,所以此画又叫《1830年7月27日的起义》。作者大胆地将具有象征意义的自由女神和真实的现实生活场景结合在一起,表现出一种为争取民主、自由而奋起斗争的昂扬的革命精神。鲜明的色彩,强烈的明暗对比,奔放有力的笔触,充分体现了浪漫主义绘画的重要特征。

师:从这幅画中我们可以看出浪漫主义美术的特点是什么?

(题材上相对新古典主义来说限制较小,强调想象、虚构;在表现形式上强调色彩和构图的情感表达。不拘泥细节的过分描绘和刻画。)

师:浪漫主义作品注重表现人的感情,感性。但也有的作品是消极的想象,脱离现实。

第二展厅　追求生活的真实——现实主义(19世纪中期到19世纪末)

师:结合所学内容说说19世纪中期有哪些大事?

(英国的工业革命影响广泛而深远,经济领域,资本主义经济迅速发展;政治领域,晚期资产阶级革命展开;科学领域,达尔文出版了《物种起源》;思想领域,1848年马克思、恩格斯发表了《共产党宣言》。)

(资本主义迅速发展,但矛盾日益突出。)

师:19世纪中叶,资本主义制度逐渐得到巩固。资本主义国家未能很好地缓和与协调自身矛盾,日益积聚的社会矛盾变得尖锐和复杂。资产阶级革命时期倡导的自由、平等、博爱的社会理想,在人们的心中逐渐破灭,浪漫主义对未来的设想和憧憬不再适应当时的社会现实,注重艺术的社会意义的文艺运动应运而生,追求真实成为他们的目标。进入19世纪中期,欧洲流行的新古典主义和浪漫主义美术逐渐走向衰落,现实主义兴起。

"现实主义"这个词开始于库尔贝的作品。1855年,世界博览会在巴黎举行。法国官方的美术展览会也同时举行。年轻的库尔贝送往展览会的两幅油画遭到官方拒绝,他就在官方美术展览会的对面举行了一次对抗性的个人作品展览会,并公开打出了"现实主义"的旗号。

米勒是法国现实主义画家中的佼佼者。他出身于农民,倾情于那些在土地上劳作的人们,描述他们的所感所受。他曾经说,其愿望就是"以微不足道的东西来表现崇高"。他终身描绘农民平凡生活。他的代表作《播种者》《拾穗者》和《晚钟》被称为"劳动者三部曲"。

请看《拾穗者》,这幅画原来的标题是《八月》,表现的是一个热闹的夏收场面。几位社会活动家看到后,建议他修改,前景是三个拾穗粒的农

拾穗者

妇,热闹繁忙的夏收背景却被推到最远处。在法国乡村,当时有一种习俗,每当农场主收割完之后,人们可以将散落在田间的麦穗拾回家去,而拾穗者往往是孤儿、农妇等。画家的这一修改产生了惊人的社会效果。

师:为什么这幅画会产生惊人的社会效果,它表现的深刻内涵是什么?

(在法国资本主义的迅速发展同时,农民却依然贫困。)

(米勒的这幅画反映了法国农民贫困的生活,当时有批评者说从他的画中看到农民要起义了。)

师:《晚钟》是米勒另一幅伟大的作品,这幅画被认为知名度仅次于《蒙娜丽莎》。画面上,两个劳作一天的农民夫妇在落日的余晖中听到了远处村庄的教堂传来的钟声,于是,他们就默默地祈祷,肃穆而又虔诚。这里没有任何刻意摆布的道具,只有极为普通的劳动工具和地里挖出来的土豆。

晚钟

(画家显然对虔诚的劳动者有着无比的同情和祝福。)

师:是啊,这幅画的魅力在于,多少的感触与思绪尽在不言之中。有人认为这幅画还有难得的音乐魅力。你们听见那音乐声了吗?

现实主义不仅在法国,而且在俄国也有了独特的发展,其中最具有代表性的画家是列宾。

师:19世纪中叶俄国发生什么大事?

(1861年俄国亚历山大二世进行了废除农奴制的改革。)

师:农奴制废除了,但人民的生活情况怎样?1869年列宾去伏尔加河旅行,看到一幕使他吃惊的景象:远处黑黑、油油的东西在爬行,近了发现是一群套着绳索的纤夫在拉平底货船。他们蓬头垢面、衣衫褴褛的形象使画家感到极大的震撼。他决定把这苦役般的劳动景象画出来。这就是《伏尔加河上的纤夫》。

师:从这幅画中你们看到了什么?

(反映了俄国社会各阶层的人,如神父、农民、军人、少年,还有鞑靼人、希腊人。虽然农奴制废除了,但人民生活还是贫困的。)

(伏尔加河是俄国的象征,这幅画上的纤夫虽然各有苦痛,但他们在拉纤,其中蕴藏着一种力量。)

查波罗什人给苏丹王写信

师:如果说《伏尔加河上的纤夫》是用悲伤的景象反映令人愤慨的现实,而另一幅则是用积极、欢快的形式来表现的,那就是《查波罗什人给苏丹王写信》(1878—1891年)。为完成此画,画家做了大量的潜心研究,多次到乌克兰和查波罗什地区实地寻访,与历史学家一起工作,收集素材,同时对画中可能出现的武器、服装、乐器、生活用具、装饰品、甚至哥萨克式的秃头都作了一一考证,共花了十几年时间才完成。哥萨克在俄国是有象征意义的,就如牛仔之于美国一样,他们的祖先往往就是自由的代名词,他们的首领是选举出来的。1676年,他们英勇地打败了土耳其苏丹王,然而后者却要求哥萨克人降服。于是无所畏惧的哥萨克人以百般的嘲讽回复苏丹王。列宾在画中有力地抓住了哥萨克人的气质,透视其英雄格调。整个画面描绘的是嘻嘻哈哈的哥萨克男人们在给苏丹王写一封挖苦信,其中的每一个细节都富有想象力,充满戏剧性,让人不由感叹作者的大手笔。有研究者说,大概在全欧洲博物馆搜寻也未必能找到如此开怀大笑的场景描写。而且,难能可贵的是,这样的场景是与严肃主题联系在一起的。

师:你们知道这严肃主题是什么吗?

(是俄国的沙皇专制统治。)

师:是的,当列宾谈到这幅画的构思时说:"最使我注意的是共和制度方面……我们的查波罗什使我高兴的地方就是这个自由……是保卫信仰和人格的最高品质"。

从以上现实主义美术作品,我们可以看出这一流派的特点是,注重表现社会现实,并隐含着对现实的批评,有积极的意义。

第三展厅　从传统走向现代——印象派与后印象派（19世纪后半期到20世纪初）

1. 印象派

师：到19世纪后半期，随着社会经济的发展，科技的进步，印象派出现了。

请看莫奈的《日出·印象》，与前面现实主义作品相比，这幅画有什么新特点？

日出·印象

（有太阳和倒影，比较强调色彩的明度、纯度。）

（这好像是一幅室外写生作品。）

师：印象派实际上是现实主义的进一步发展，强调捕捉光和色之下世界万物的"瞬间印象"，它继承了写实的传统，强调绝对真实。如10点的太阳就是10点的，下午3点就是3点的。莫奈就画过几个不同时间的干草堆，还有用3年时间画了50多幅卢昂教堂，不同时间的色彩完全不一样。

印象派的出现也有客观因素。首先当时有了光显微镜，对光的微妙变化观察得更细致了。其次，过去欧洲人作画是在画室，画模特，颜料是粉状的，需要调配。1830年管状颜料首次出售，外出写生更加方便。1840年管状颜料开始批量生产，彻底结束了画家要自己调配颜料的历史。这项技术为印象派画家提倡走到户外写生提供了必要的物质条件。所以有时科学技术发明对一个流派的产生有着重要的影响。

2. 后印象派

19世纪末20世纪初，一些曾经是印象派的热烈拥护者的画家们批评他们的前辈将注意力集中在对自然的瞬间印象的描绘，而缺乏对描绘对象的分析研究，开始进行新的探索。美术史上将这些画家称为"后印象派"。实质上他们是反印象派之道而行的一个新画派。请大家欣赏梵高的《向日葵》和塞尚的《有苹果的静物》，说说其特点是什么？

（线条粗犷、形式夸张、色彩明快、富于装饰韵味。表达了画家本人的情感。）

向日葵

有苹果的静物

浮世绘

师：是的。后印象派出现的原因除教材介绍的以外，还有两个方面。其一是19世纪30年代摄影技术产生，这对于西方写实是一个巨大的冲击，用机械可以代替画家复制现实。第一张照片的问世在欧洲引起很大的震动，有个学院派画家感慨道："绘画完蛋了！"其二是，1851年，世界博览会召开，日本商品包装纸上的浮世绘让欧洲人大开眼界。《浮世绘》成为欧洲人了解东方艺术的窗口，他们发现画面可以用线条和装饰性的色彩来表现，很多名人都收藏有浮世绘，如梵高的《唐吉老伯》的背景中就有日本的浮世绘。

后印象派开始强调主观表现，不是西方传统的写实。绘画从客观再现向主观表现发展，从传统走向现代，难怪人们把塞尚称为"现代绘画之父"。

唐吉老伯

第四展厅　新的探索——现代主义（20世纪以来）

20世纪以来，两次大战给人们心灵造成创伤；工业化加剧了人们的紧张感；科技发展拓宽了艺术家的视野，促使了现代主义美术的出现。现代主义绘画有立体主义、野兽派、表现主义、未来派、达达主义等。

毕加索是立体主义的代表，《格尔尼卡》是他为巴黎世界博览会西班牙

格尔尼卡

馆所作的大型壁画,创作于1937年。在1937年4月,佛朗哥竟然下令让德国雇佣空军的战机对在西班牙北部小镇格尔尼卡集会的人们进行狂轰滥炸,对当地手无寸铁的平民犯下了不可饶恕的骇人罪行。据报道,7 000居民中有1 654人死亡,899人受伤。古老的格尔尼卡几乎全部被毁。毕加索义愤填膺地开始了创作,试画了45幅草图,最后才完成了这幅画。

为了与死亡和抗争的主题相一致,画面避免使用彩色,而只有从黑到白的渐变色。这样处理无疑是在提升画面的新闻性质。画的右边是着火的房子和两个惊恐的女性形象,一个往中央冲,一个抱着死去的孩子,显得无比绝望。躺在地上的战士,他的头颅已经离体,手里却依然拿着一把剑。剑的旁边有一朵容易被忽略的小花,好像是极为脆弱的美好现实,令人心悬不已。左上方是一头没有表情的公牛,它是弥诺陶洛斯(半人半牛怪)的形象。在希腊神话中,它是古代克里特岛的独裁者,在这里喻指佛朗哥。中间那匹痛苦悲嘶的马,是人民的象征,马后面的一盏灯,仿佛是自由女神去拯救危难中的人们。而马正上方还有一盏灯,类似于人眼和放射出光芒的太阳。

师:这幅画反映了作者怎样的思想?

(反对法西斯侵略,反对战争,希望和平。)

师:"二战"期间,德国的将士经常出入于巴黎的毕加索艺术馆,争相观看毕加索的艺术。可是这些不速之客受到了冷淡的接待。有一次,在艺术馆的出口处,毕加索发给每个德国军人一幅《格尔尼卡》的复制品。一位德国盖世太保头目指着这幅画问毕加索:"这是您的杰作吗?"毕加索面色严峻地说:"不,这是你们的杰作!"毕加索为反对侵略战争,维护世界和平,作出了自己的努力。1949年世界和平大会召开,毕加索创作的《和平鸽》成为大会的会徽。

二战后,现代主义美术进一步发展,出现了五花八门的表现形式。特点是反传统反理性、自我感受、自我表现。人们面对这些令人眼花缭乱的艺术形式,会感到一时的新奇和刺激,也对到底什么是艺术产生了长久的迷惘。

除了绘画,美术还其实还应包括雕塑、建筑。在雕塑作品中,浪漫主义的代表作有吕德的《马赛曲》,而罗丹的《思想者》是现实主义作品。

欣赏了19世纪以来具有代表性的美术作品后,我们发现,优秀的作品总是拥有形式和内容的统一。法国著名评论家丹纳说:"要了解一件艺术品,一个艺术家,一群艺术家,必须正确地设想他们所属时代的精神和风俗概况。……某种艺术是和某种时代精神同时出现,同时消亡的。"艺术反映了政治的演进、经济的发展和社会的变迁,反过来又影响和推动人类社会的进步。艺术创作始终是和生活联系在一起的,杰出的艺术家也总是和现实生活保持着密切的联系。从19世纪以来美术的辉煌历程中我们看到,画家用画笔再现历史、现实,表现自我,给我们留下了宝贵的文化遗产和精神财富。

(陈　红)

走进美丽课堂　感受诗意人生
——菊菊老师《走近山水、走近文化》教学赏析

著名的存在主义美学家海德格尔多次提及"诗意",认为"人须诗意地栖居,栖居在诗意中"。时至今日,随着诗意人生成为很多人追求的人生至境,教育的诗化越来越备受关注,课堂也应营造诗化课堂,成为师生的诗意栖居地。诗化课堂,即美丽课堂,是指课堂中遵循和运用教育教学和美的规律,以"生态、和谐、诗意"为因子,以生命活动为本质,以情感意志为动力,以合作思辨为范式,滋润学生自然成长、激励学生自主成长、引领学生自由成长,引导学生求真、向善、臻美,实现知、情、意、行的统一。美丽课堂必然是充盈着诗情画意的、充满真情实感的、生命勃发的课堂。诗意人生令人神往,美丽课堂令人沉醉。最近,在菊菊老师《走进山水、走进文化》课的引领下,我们既"望得见山、看得见水",更记住了乡愁,真切感受到课堂的魅力和美。

一、诗情画意的课堂生态美

一进课堂,我们就领略了菊菊老师带来的山水之美,看到"鲲鹏展翅,不知其几万里"的北冥之海;流觞曲水,茂林修竹,诞生天下第一行书的兰亭墨池;"日月之行,若出其中,星汉灿烂,若出其里"的澹澹沧海;我们还看到"大江东去浪淘尽,千古风流人物"的豪放气度,"恰似一江春水向东流"的愁肠百结,"山舞银蛇,原驰蜡象,欲与天公试比高"的王者霸气,"青山遮不住,毕竟东流去"的历史沧桑……菊菊老师行云流水般的导入语,课件展示的诗一般的山水画面,如歌行板,令人酣畅神怡,使人自然融入美的境界,让心灵在沉醉中神往。

围绕"山水与文化"的主题,菊菊老师和学生一起精心准备,制作了精美

的课件,展示了许多优美的山水诗篇和山水画。中国山水诗意境清新,笔调秀丽,词气闲淡;中国的山水画闲散缓慢、宁静安逸,又不失气势磅礴,雄浑厚重,如情诗牧歌般。题诗的山水画与以画为背景的山水诗融为一体,淡雅的诗歌、清幽的画面,虚无缥缈中恍入仙境。在情绪勃发与激动中,学生自然进入审美境界,进行充分的审美活动,学生审美过程中的想象、情感、理解等因素自由、充分地展开,尽情地展示着。

在分析一方水土养育一方文化时,学生展示了大量的名家名句。苏轼的"欲把西湖比西子,淡妆浓抹总相宜","菰蒲无边水茫茫,荷花夜开风露香";白居易的"湖上春来似画图,乱峰围绕水平铺。松排山面千重翠,月点波心一颗珠。"这些都惟妙惟肖地表现出了西湖灵动之美,营造了一种诗情画意的至美境界。美妙的情境世界令人陶醉、令人忘我,留给我们无比的愉悦、无限的留恋、无尽的思考。自然的人化与人化的自然的和谐,那是一种脱俗的美!课堂中时时有景,处处有境。诗情画意,尽展美丽课堂之魅力,尽享诗意人生之快慰。

二、真情实感的和谐融洽美

感情的对象是对象化的感情。本课的山水并不那么简单——都是被寓了情,驾了意,脉脉含情的,作为审美对象来表现诗人的内心感受,借景抒情而已。山水已经不仅仅是一种自然景观,更是寄托情感的载体,升腾为一种文化,"仁者乐山、知者乐水"。山水和文化,像是声音和它的回声,是光线对它的影子。丰富的山水孕育了深厚的人文,山水之美与人文之厚,相互辉映,情景交融,言有尽而意无穷,直指人心。

教学过程既是一种知识学习过程,也是一种情感体验过程。教师的情感起着主导作用。"在我心中你是最美",这是菊菊老师在学生心中的真实写照。菊菊老师对学生是用了真心,动了真情的,既是朋友,又如姐姐般。菊菊对于教学的认真执着是基于对学生热爱的一种本真的需求,无分数之羁绊,无名利之追逐,这是怎样一种率真的美!菊菊老师精彩的教学设计、精巧的教学构思、精美的情境创造展示了其人格个性美、敬业爱生美、师生关系和谐融洽美,深深感染了每个学生,拉近了师生的情感距离,点燃了学生的情感火花,引导学生的情感意向,激发去追求美、发现美、创造美。

理想的教育应是充满真情的教育,美丽课堂是真情涌动的课堂。菊菊老师全身心地投入,以情唤情,学生也饱含热情、充满感情,富有激情。在朗读古诗时,学生满怀深情地以其音调的高低缓急、抑扬顿挫重现作者所要表达的语气、情感,其音乐美、节奏美、韵律美,驱动审美想象,直接带来审美愉悦,美不胜收,大家情不自禁地鼓掌喝彩。在分析山水诗歌之特点时,学生充分发挥本土资源优势和专业特长,收集、展示了大量的与南京有关的诗歌,如刘禹锡的《石头城》《乌衣巷》、王献之的《桃叶辞》、韦庄的《台城》、李白的《登金陵凤凰台》、杜牧的《泊秦淮》等,网上搜集了大量的景观图与每首诗相匹配。熟读的诗歌、熟悉的景观,感受的是亲切,涌动的是真情。优美的诗歌,秀美的景色尽情展示着家乡的美。情景交融中,一种热爱家乡的思想感情油然而生。在分析本土山水对本土文化的影响时,学生做了这样的分析:"南京东踞紫金山,怀拥碧清玄武湖,北过浩瀚长江……她兼有北方河流汹涌雄壮的气势和南方湖泊静美绮丽的感觉,在南北山水汇聚的南京,也有着南北文化合二为一的特点。南京的文化具有包容性,南京人憨厚、豪爽,不失北方人的大方气度;同时又细腻、温柔,兼具南方人的含蓄情致。"一方水土养育一方人,一方山水体现一方文化。身在这个具有大胸襟、大气度的城市,我们怎能不为之自豪?课堂中始终融合着的这种浓郁的家乡情、爱国情,我们又怎能不为之感动?正如海德格尔所说:"在乡愁所有的言说中,它始终呵护本真的东西,呵护作为居者的人所熟稔的东西。"这样贴近生活的课堂,这样接地气的感悟,我们又怎能记不住乡愁?

三、生命勃发的自由灵动美

美的需要是人生命的需要,美的追求是人对生命的追求,美的热爱是人对生命的热爱。美丽课堂必然是生命的课堂,师生在课堂上以美的形式共同建构,分享知识及人生体验,感受生命的律动,是充满灵性的生命的撞击、对话和交流,是彼此生命价值的实现和提升。正如蒙台梭利所说:"教育就是激发生命、充实生命,帮助孩子们用自己的力量生存下去,并帮助他们发展这种精神。"菊菊老师充分认识了这一点并践行着。在教学中,菊菊老师真正立足于学生的发展,着眼于学生真实自主地成长和主体价值的实现,让学生主动承担起学习的责任,激发学生自主合作探究的学习意识,以参与求体验,以创新求发展。菊菊老师不是以"讲课"为主,而是以"导课"为主,是一位灵活机动的主持人,努力创造一种情境,设置一个舞台,让学生尽情展示,演绎他们的美丽人生。

本课围绕山水与文化的主题,分三个课题组由学生依次展示探究过程、成果及思考。从南京的山水特点、山水诗歌到本土山水对本土文化的影响的分析,从中国古代山水诗词到山水与中国传统文化的关系的研究,从中西方描绘山水风景的现代诗歌到中西方山水文化的差异的探讨,由自然到人文,由感性到理性,由古代诗词到现代诗歌,由中国山水画到西方风景画,古今中外,融诗歌、绘画、歌曲、朗诵等为一体,呈现出内容翔实、形式纷呈之美。每组同学根据本组的课题、同学的特长,制作不同风格的课件,采用不同的手段和形式,充分展示小组每位同学的智慧和魅力。在师生互动、生生互动中,学生们体验到生命的鲜活和新奇,体验到自由和探究的精神,体验到学习的乐趣和自身的价值。菊菊老师还善于激发学生的问题意识,让学生在探究思考中体验,在审美情境中实现感性到理性的升华。在感性的诗意境界中,同学们进行着深刻的理性思考:南京为什么成为山水文学的发祥地?南京山水的特色是什么?都说南京人是"大萝卜",怎样看待这种说法?为什么山水文化成为中国传统文化的一种代表呢?……在对诸多问题的探究中,同学们各抒己见,充分发表了自己对问题的独特见解。菊菊老师不断地创造机会,让学生自己把握,给出问题,让学生自己去解决,给出条件,让学生自己去创造,这些被赋予生命积极能动性的学生们创意不断,使生命课堂充满生机。最难忘的是第一小组学生齐声演绎改编的歌曲《月亮代表我的心》:"你问我爱你有多深?南京的秦淮河,桥边野花香,巷口斜夕阳,粼粼波光映云霞。你问我爱你有多深?南京的紫金山,苍苍竹林亭,杳杳钟声鸣,青青山色唱黄鹂。栖霞山的枫叶,已经打动我的心,莫愁湖的清波,叫我思念到如今……"优美的歌词,熟悉的旋律,深情的吟唱,如画的风景,这种似歌赋般的颂扬和赞美,让人升腾起对家乡的热爱,情不自禁地哼唱着。这次第,岂一个美字了得?这情景,亦深深打动我的心,叫我思念到如今……

忘不了深蓝色的背景画面下打出的惠特曼的名言:"啊,我的至上的灵魂啊,你知道沉思默想的欢乐吗?……你知道不分昼夜,庄严沉思的欢乐吗?"和海德格尔的名句:"思想,是在黑暗的夜色中绵延的森林,是月光下,卵石间跳跃冲撞的溪流。"诚然,思维是世上最美的花朵。"我思故我在。"一节好课,不仅仅是知识的获得,能力的提升,更是一种思想的交流,思维的激活。一位教师如能唤醒、激发、催生学生潜在的本真的想法,让学生成就最好的自己,这才是最有价值的,弥足珍贵的。菊菊老师追求的是心灵的自由,靠近的是生命的本质,体验的是诗意的人生,这种目的性和规律性的统一必然是至美的,人的终极本性与真理的相融,必然是诗意的栖居。诚挚地感谢菊菊老师,催生了我的思想:如果课堂教育的一些内容和形式可以处理成一幅幅美丽的画,一曲曲动听的歌,学生是否能在欣赏的同时欣然接受我们的理念和观点,实现价值生活与自我建构的统一?如果我们都能遵循教育的基本法则和孩子的成长规律,回归自然,贴近生活,触及灵魂深处,那我们的教师和学生是不是更能够记得住乡愁,诗意地栖居?

(郭亚琴)

营造思想政治课堂之美

教育的最高境界是实现了每个学生的全面发展,走进幸福人生。思想政治教学的实质,就是塑造一个个健全的人格,给他人、社会及自身带来和谐、幸福。重视和加强美育,不仅有助于扭转目前思想政治教学的功利化倾向,弥补人文精神淡化的不足,实现教育的和谐发展,而且有助于培养学生健全的人格,促进学生思维能力、各方面素质的和谐发展,使知、情、意三者在美育的基点上达到有机统一。

一、课堂教学简约美

数学特级教师徐长青认为简约教学可以做到"从冗繁走向凝练,从杂乱走向清晰,从肤浅走向深邃",实现有效的教学。高中思想政治教学同样需要挤掉泡沫打造简约而不简单,精练更精彩的美丽高效课堂。下面以高三复习课"多变的价格"为例谈谈思想政治课教学的简约之美。

1. 简约而不简单

"大道至简"。简约追求简略,摒弃不必要的"浮华",是智慧的体现,是一种境界。高三复习具有时间紧、任务重的特点,需要老师围绕高考要求简化教学环节,采用一些简朴有效的教学手段。教师在教学中要采取简约教学突出重点,避免教学环节过于繁琐,教学形式过于花哨,教学手段过于复杂。本课复习时,以高考要求为指导,以教材为依托、以学案为抓手,设置"情境思考""考点透视""认识误区""诊断练习""存在疑惑"五个环节。实践证明,该设计符合减负高效原则,既能达成学习目标,又能促使学生学习能力的提高。

2. 简洁而不繁复

新课程实施以来,情境教学已被接受并广泛运用于教学实践中。情境教学法的核心在于激发学生的情感。一个处在学生最近发展区的简洁提问能激起学生强烈的求知欲望和浓厚的学习兴趣。复习本节课时,在"情境思考"环节展示我国有机食品消费现状,让学生思考:材料带给我们哪些经济学启示?学生通过进一步思考与探究,采取多种形式去探求答案。学生在思考中,在挖掘教材过程中,在整理思绪形成体系中掌握知识,提升能力,收获成功。

3. 精练而不拖沓

提高课堂效率的关键是语言精练,用最少的语言表达最丰富的内容。语言的精练不是一蹴而就的,它需要教师扎实的教学基本功,充分的课前准备,同时思维逻辑性要强,要做详尽的预设。"价格变动的影响"内容在近几年高考考查的难度较大,教师在处理这个问题时,特意再次温故大学经济学中的供给曲线和需求曲线等方面知识,深化认识。指导学生分清谁是定量,谁是自变量,谁是因变量,原先望题兴叹的尴尬变成迎刃而解的喜悦。教师通过精练的语言化繁为简,学生豁然开朗,学习的信心增强,学习的效果显著提高。

二、教学形式创新美

新课程的核心理念是以学生发展为本。为了充分发挥学生的主体作用,教学形式手段需要不断创新,打造个性十足的生本智慧课堂。

1. 问题教学是主打

苏霍姆林斯基认为:"在人的心灵深处有一种根深蒂固的需要,这就是希望自己是一个发现者、研究者和探索者。"问题教学恰好能满足学生的这种需要。传统教学通常抛开教材,把考点内容直接呈现给学生,问题教学法指导我们在复习时把考点内容问题化,重点问题细分化,如影响价格的直接因素有哪些?决定因素是什么?商品的价值量与个别劳动时间、社会必要劳动时间、个别劳动生产率、社会劳动生产率的关系是什么?学生带着问题回归教材,分析整合教材观点,最后教师根据学生存在的问题,有针对性地讲解,准确地引导学生解决问题。课堂教学由教师变单向直接灌输知识为学生主动思考、师生互动学习。

2. 动静结合相协调

提高课堂教学效率,是一个热门话题,也是仁者见仁智者见智的话题。教师必须在有限的时间内采取科学手段调动学生学习积极性、主动性,根据学情及时调整教学策略,让学生动中有静,静中有动,一动一静皆提高。复习课伊始让班上学生集体大声朗读复习提纲,短暂的5分钟时间,学生的眼、嘴、脑、耳集中于特定事物,有助于快速有效熟悉考点,活跃课堂气氛,提升学生精气神。同时,高三的学生对于知识点的感性认识、浮躁心理、懒散现象皆有,带来课堂中的表面"乱动"与思维的"安静"。建议采取动笔做针对性的练习,独立思考有一定难度的问题并写出提纲。这样学生能在外力的刺激下一方面能及时静心学习不"乱动";另一方面,思维变静为动,求知欲由休眠模式调到活跃模式,变被动学习为主动学习。

3. 小组合作是关键

合作学习是指学生为了完成共同的任务,有明确的责任分工的互助性学习。这种教学方式突出学生的主体地位,让学生在合作中学会学习,在学习中学会合作。传统复习课中,教师垄断课堂,剥夺学生话语权,学生只能消极被动地接受知识。一般情况下认为,复习课中至少要有20分钟的小组合作学习时间,在探究有价值的问题和试卷讲评时,教师大胆放手,把话语权交给学生,让学生在分组合作中交流讨论,互表观点、互对答案、互相质疑、互解疑惑。最后,教师再把学生没有完全解决的问题稍加点拨,就会出现"山重水复疑无路,柳暗花明又一村"的景象,学生会心而笑,留下深刻的记忆。

三、教学关系和谐美

"和谐教学法"的创立者王敏勤认为教学过程是一个系统,各种教学要素达到和谐状态,才能实现优化课堂教学、促进学生更好地学习,从而提高课堂教学的效率。我们思想政治课堂是一种和谐课堂。

1. 寓情于教,以情动人

"感人心者,莫先乎情"。寓情于教,以情动人是教学中经常采用的教学方法。师生间的适度情感交流有利于提高学习的主动性、对教师的认同度。

在教学中，QQ聊天、语音谈话、博客、微博等应成为与学生的情感交流创新方式。通过交流了解学生思想动态、对教学的合理建议、学习疑惑情感纠葛等。特别是通过QQ和学生交流，对学生的内心世界更加了解，及时给予适当帮助。久而久之，师生之间就会产生一种信任，学生就会喜欢尊重支持老师，就会"听话"，师生间关系必然和谐，师生合力定能战胜高考。

2. 寓乐于教，乐在其中

孔子曰："学而时习之，不亦说乎！""知之者不如好之者，好之者不如乐之者。"寓教于乐、寓学于乐就是让学生在乐中学、学中乐。教师通过精心设计让学生乐在解决情境问题后的成就中、乐在受到表扬与激励的幸福中、乐在CosPlay活动中、乐在首创被认可中……在教学鼓励学生通过创新形式自编诗歌，倡导快乐学习。如有位学生就将《呼叫转移》这首歌词换成几本书中的关键词、核心知识，自编自唱："商品货币金钱观，价格要两面看；供求影响决定还靠价值量；影响消费者因素，前提基础收入；消费心理健康原则不能忘……"教师的幸福快慰感、创作者的自豪成就感、其他同学的跃跃欲试冲动感，各种情感交集在一起，不禁让人乐在其中。

3. 寓苦于教，苦中作乐

高考政治注重考查学生获取和解读信息的能力、调动和运用知识的能力、描述和阐释事物的能力、论证和探索问题的能力，而这些能力目标的达成与基础知识的掌握密不可分。教学中需要强化学生对基础知识的记忆，采取多种形式让知识留在默写本上、刻在脑子里、运行在思维中。这个过程是痛苦的，教师必须和学生一起同甘共苦，齐心协力，啃下这块"硬骨头"。为更好更全面地解答学生学习疑问，在每个学案最后设置"存在疑惑"环节，有的学生是一个问题，有的学生是几个小问题，全班少则十几个问题，多则几十个问题。教师挥笔在一个一个学案上一字一句地回答，往往需要两三个小时才能完成。这个过程虽然很苦很累，但是看到学生拿到学案时迫不及待地看问题解答时的渴望情景，看到学生竖起的大拇指、OK手势和掌声，看到学生成绩的慢慢提升，感到所有的付出都是值得的。

总之，课堂教学的简约美需要简洁的课堂导入、简约的教学内容、简化的教学环节、简朴的教学手段、简练的教学语言来支撑。在美的情景中，不断创新教学形式，寓乐于教、寓苦于教，开启师生间那片唯美的天空。

（陈振兵）

畅享诗歌想象之美

味摩诘之诗,诗中有画;观摩诘之画,画中有诗。——苏东坡
摩诘之诗即画,摩诘之画即诗,又何必论其中之有无哉。——叶燮

"同学们,初中时,我们曾学习过王维的'大漠孤烟直,长河落日圆',体会过其诗'诗中有画,画中有诗'的特点,今天这节课我们再来学习他的《山居秋暝》,感受其诗歌的语言美、画面美、意境美。先请同学们自读这首诗,力求读通读顺。"接下来教师范读,要求学生注意感受教师朗读时的语调、语速和感情;再接着学生自读,并结合注释试着去理解诗歌的内容,把握作者的情感……

整个教学流程按照预先的设计顺利进行。初步把握诗歌的情感后,笔者就引导学生品读诗歌,品析诗歌的语言美、意境美、情感美。笔者要求学生结合具体语句加以赏析,但几乎没有学生举手,被笔者叫起来的学生也根本说不到位。这时课堂气氛一下子显得异常沉闷,无奈之下,笔者只有自己说,而学生则在扮演"抄写员"的角色。讲着讲着笔者原先的激情荡然无存,只想赶快完成这首诗歌的教学任务。"下面,请同学们拿起笔,在书中空白处写上你所喜爱的任意一联诗句的赏析。注意:是赏析不是翻译。"话音刚落,只听不少学生面露难色道:"啊?要写啊!""对,每个人都必须要写!"巡视中,笔者发现很多学生紧缩眉头,迟迟不肯动笔,有的不停地在转动手中的笔;有的在书上没写两个字,就很烦躁地将它涂掉;有的干脆瞪着书发呆。而笔者则在教室里不停地巡视,不停地催促。五分钟后,笔者让学生起来读自己的赏析,全班交流。结果,几个同学(其中不乏平时写作水平还不错的)读下来,笔者的心顿时凉了半截。

将学生习作摘录如下。

A同学:一阵新雨过后,空旷的山谷越发显得幽静,夜幕降临,凉风习

习,更令人感到秋意浓厚。

B同学:明亮的月光照映着松林,清澈的泉水从石上潺潺流过。月夜下的松林是那样清幽寂静啊!

C同学:竹林中传来阵阵欢声笑语,原来是洗衣少女们归来,莲叶浮动,那是顺流而下的渔舟。

……

回到办公室,心情很是郁闷,那么美的诗歌,学生们却感受不到,究竟是哪儿出了问题?为什么学生的语言是如此干巴,仅仅将诗句翻译了一下而毫无诗的美感呢?一遍又一遍,笔者看着自己教学的设计,一次又一次回顾着整个教学过程。渐渐的,笔者似乎明白:学生之所以写不出来,写不好,那是因为首先他们根本就没有进入到诗歌的情境中去,没能很好地体会作者的情感和诗歌的意境,无病呻吟,当然写不出能让人产生美感的东西了。其次,学生还没有很好地掌握赏析的具体技巧,缺少方法的引领,学生自然只能是被动地翻译了。

症结找到了,那如何才能解决问题呢?一定是原先的教学设计还存在问题。这节课,笔者根据诗歌这种文学体裁的特点,将教学方法定为朗读法。"书读百遍,其意自见",一节课下来,学生反复朗读诗歌也有八九遍了,为什么学生就不能体会到作者的情感,走进诗歌的情境中去呢?笔者虚心向同事请教,查阅了大量的资料,发现诗歌教学除了运用朗读法外,还有一种非常有效的方法,那就是想象法。诗歌的语言本身是凝练的,情感是含蓄的,叙事、写景、抒情等大量的内容浓缩在短短的几十个字中,你想走进诗歌,走近作者,就必须发挥自己的想象力。说实话,在课堂上,也曾经做过想象力的训练,但效果不是很好。客观方面的原因固然是因为现在的学生由于学习压力大,精神负担重,想象力退化,那么是不是还缺乏有效方法的引导呢?好,那么下节课,笔者在另一个班用这些方法来试一试。

到了另一个班,前面的铺垫工作做好后,在让学生试着赏析语句前,笔者给学生以下几种方法来激发他们的想象。

一、充分占有资料,将自己想象成作者

尽可能全面地了解作者以及诗歌的创作背景,这对我们把握诗歌情感,

体会诗歌意境有极大的帮助。笔者如此对学生说:"首先,你们要设想自己就是作者,结合诗歌的创作背景,结合你们对王维的了解,将自己放入到情境中去,这样你会有更多的情感体验。"这时,有几个学生一副若有所思的模样,点点头。

二、体会诗歌特点,再现诗歌之美

古代诗歌具有语言凝练含蓄却言简意丰、情韵悠长的特点,如能引导学生充分发挥想象力、联想能力,用优美的语言再现诗歌的画面美、意境美,就能够收到事半功倍的效果。具体方法主要有以下几种。

1. 多问一些"为什么?""怎么样?"

笔者抓住以前学习过的古诗为例,使学生有更为直观的认识:"同学们都知道,古代诗歌的语言精练,言简意丰。你要想品味出诗歌的意境,品读出诗歌的美,必须抓住诗句中具体的字,将原有的语言材料想象成一幅美丽的画面,这样的画面里原本有什么,还可能有什么;作者的浅层次意思是什么,还有什么更深的含义?举我们曾学习过的诗句'枯藤老树昏鸦'为例,简洁的六个字,却给我们描绘出一幅萧瑟、凄凉的秋景,给人带来悲伤孤寂的感受。那我们赏析时,就应抓住这六个字,一个一个分析,怎样的枯藤,树怎么个老法,为什么叫昏鸦,这样一一想象,那就能将这六个字变成一幅画面。接着,你再想想,如果是你,一个人孤身在外,骑着一匹瘦弱的老马,走在荒凉的古道上,会有怎样的感受?这样,你就能更好地体会诗人的情感,就更能描绘好诗歌所要表现的意境了。"这时,更多的同学有了一种豁然开朗的感觉,脸上出现了喜悦,"哦,原来可以这么写!"

2. 多用一些修辞手法

学会添加一些优美的词语、运用一些恰当的修辞手法、甚至可以调动多种感官进行扩写,有利于充分描绘诗歌的画面,丰富诗歌的意蕴。这时,仍然给学生以具体的例子,如"采菊东篱下"一句,用如此方法就可描述成:"东院竹篱下,各色菊花争相开放,有的含苞欲放,像一位位美丽而又羞涩的少女;有的盛开怒放,充满生机活力。微风拂面,空气中弥漫着淡淡的清香,是那么沁人心脾。"这样的描写,有动有静、有色有香、有比喻有拟人,更有作者美好的情感,要远比我们干巴巴的翻译成"在东边的竹篱下采各色的菊花"

在画面和情境上要美得多。有了具体的方法指导,学生下笔就从容许多,自信许多了。

三、增加范例教学,鼓励互通有无

教师的范例、同学之间的交流都非常重要。前面两点方法的指导,老师的例子给学生的想象插上了翅膀,打开了学生想象的空间,如果只有空洞的说理,而没有实例示范,学生仍会是一头雾水。如果说一个人的思路可能还不够开阔,想象还不够丰富,但集体的智慧就不一样了,大家相互交流,形成思维互补,这样可激发出更多的想象。

方法指导完毕,笔者再让学生动笔写自己对诗句的赏析。一个,两个,不一会儿,只见几乎所有同学拿起笔,迅速地在书上写了起来。笔者仍然在教室里不断巡视,心底的笑意在脸上慢慢荡漾开来,这一次,学生的赏析好多了。过了五分钟,笔者让大家停下笔,四人小组之间交流一下刚才所写的内容。小组交流结束后,笔者让学生根据刚才讨论的心得,继续完善自己的赏析。接下来,很多学生积极举手,要求在全班朗读自己的文字。看得出来,绝大部分学生都认为自己这次的赏析写得比以前都好。看来,这一次,诗歌的想象教学法还是取得了比较好的效果的。

仍摘录部分学生的作品如下。

同学A:被雨水洗涤后的松林,一尘不染,青翠欲滴;山石显得格外晶莹别透;就连月光也像被洗过一样,极其明亮皎洁;山雨汇成的股股清泉顿时流淌于拾级而上的石板上,又顺着山涧蜿蜒而下,发出淙淙的清脆悦耳的欢唱,好似宛转的"小夜曲"奏鸣。好一句"明月松间照,清泉石上流",王维将山雨初霁、薄暮之景,描绘得那么幽静闲适,清新宜人。真不愧为"诗中有画,画中有诗。"诗句既写空中明月又写地上清泉,一静一动,静中有动,错落有致。清幽的环境与诗人恬淡的心情和谐统一,随意挥洒,不加雕饰而境界全出,实乃写景的千古名句。

同学B:一群天真无邪的农家少女浣衣归来,结伴同行;她们嬉戏玩闹,笑逐颜开,吵醒沉睡的山林,激活了寂静的生机,银铃般的笑声回荡在空旷幽深的竹林中。几艘小船满载星辉,尽兴而归,满眼荷叶纷纷倒向两边,掀翻了无数晶莹别透的水珠。此情此景,真是让人心生羡慕,多么想,摇一船沉甸甸的丰收喜悦来迎接又一个静谧幽美的夜晚；多么想，唱一曲脆生生的渔舟小调去欢送又一个余晖掩映的黄昏。此情此景，怎能不让人流连忘返？在这青松明月之下，在这翠竹青莲之中，生活着这样一群无忧无虑、勤劳善良的人。宁静的画面上又增添了农家生活的气息。这纯洁美好的生活图景，反映了诗人对安静淳朴生活的喜爱，同时也蕴含着他内心对污浊官场的厌恶，但却用笔巧妙，不着痕迹。

这节课结束后，带着收获的喜悦笔者再一次反思两节课的教学，不同的教法，获得了截然不同的教学效果。而感受最深的是，诗歌教学就应让学生畅享想象之美，在想象中感受诗歌的美。

学生想象力的培养是非常重要的。断臂的维纳斯为什么更具魅力，正是因为它激发了每一个人丰富的想象。爱因斯坦说："人的想象力比知识更重要。"我们可以这样说，自古以来，没有一篇真正的文学作品不是展开想象、创造新形象的产物。没有想象，文章将缺乏生气、缺乏灵气、缺乏才气；没有想象，艺术将失去光彩、失去魅力、失去魂魄。同样，我们赏析任何一篇文学作品，如果失去了想象，那么我们根本就无法去感受作品的魅力。语文教学中我们更要重视想象力的培养。想象，无论是对文本的解读，还是对写作能力的训练，或是对学生创造力的培养都是至关重要的。这点在诗歌教学中体现得尤为明显。金开诚先生指出："诗词赏析始终离不开一个'想'字"。吴世昌先生也说："读词须有想象。"在诗词鉴赏中，根据诗词原有的语言材料进行再造想象，可以补充诗人有意留下的空白，还原诗歌的场景，获得更高的审美享受。古诗中的思想感情一般表现得比较含蓄。教学时，必须启发学生逐字逐句地进入诗中所描写的意象中去感受，去体味诗人的思想感情。诗歌教学在一定程度上来说，就是一种先设身处地地体验作者的情感，与诗中的文字、与作者交流，再达到有自己独特领悟的再创造的过程。这一过程无论哪个环节都需要我们有丰富的想象力。

总之，诗歌是美的，而让学生充分领略到这种美的最好的途径便是想象。诗歌教学就应让学生畅享想象之美。

（程兆云）

发现数学之美

美的事物,总是为人们乐意醉心追求的。然而,一提到美,人们最容易想到的是"江山如此多娇"的自然美,抑或是悦目的图画、动听的乐章、精妙的诗文等艺术美。然而,数学,这自然科学的皇后里面,蕴含着比诗画更美丽的境界。

著名数学家罗素说:"数学不但拥有真理,而且也具有至高的美。"众所周知,数学无论在我们的基础教育还是高等教育中都占有很大的比重。她不但有智育的功能,也有其美育的功能。正如古希腊数学家普洛克拉斯所说:"哪里有数,哪里就有美。"下面从几个方面来探索发现数学之美。

一、和谐之美

数论大师赛尔伯格曾经说,他喜欢数学的一个动机是以下的公式:$\frac{\pi}{4}=1-\frac{1}{3}+\frac{1}{5}-\cdots\cdots$,这个公式实在美极了,奇数1、3、5……这样的组合可以给出π,对于一个数学家来说,此公式正如一幅美丽图画或风景。

欧拉公式:$e^{i\pi}=-1$,曾获得"最美的数学定理"称号。欧拉建立了在他那个时代,数学中最重要的几个常数之间的绝妙的有趣的联系,包容得如此协调、有序。与欧拉公式有关的棣美弗-欧拉公式是$\cos\theta+i\sin\theta=e^{i\theta}\cdots\cdots$(1)。这个公式把人们以为没有什么共同性的两大类函数——三角函数与指数函数紧密地结合起来了。对它们的结合,人们始则惊诧,继而赞叹——确是"天作之合"。因为,由它们的结合能派生出许多美的、有用的结论来。

比如,由公式(1)得$\cos\theta=\frac{e^{i\theta}+e^{-i\theta}}{2}$,$\sin\theta=\frac{e^{i\theta}-e^{-i\theta}}{2}$。由这两个公式,可

把三角函数的定义域扩展到复数域上去,即考虑"弧度"为复数的"角"。新定义的余弦函数与我们早已熟悉的通常的余弦函数和谐一致。

和谐的美,在数学中多得不可胜数。如著名的黄金分割比 $\lambda=\dfrac{\sqrt{5}-1}{2}$,即 $0.61803398\cdots\cdots$。

在正五边形中,边长与对角线长的比是黄金分割比。

数学中有一个很著名的菲波那契数列 $\{a_n\}$,定义如下:

$a_1=1, a_2=1$,

当 $n\geqslant 3$ 时,$a_n=a_{n-1}+a_{n-2}$

可以证明,当 n 趋向 ∞ 时,$\dfrac{a_n}{a_{n-1}}$ 极限是 $\lambda=\dfrac{\sqrt{5}-1}{2}$。

维纳斯的美被所有人所公认,她的身材比也恰恰是黄金分割比。黄金分割比在许多艺术作品和建筑设计中都有广泛的应用。达·芬奇称黄金分割比 $\lambda=\dfrac{\sqrt{5}-1}{2}$ 为"神圣比例",他认为"美感完全建立在各部分之间神圣的比例关系上"。

与 $\lambda=\dfrac{\sqrt{5}-1}{2}$ 有关的问题还有许多。"黄金分割""神圣比例"的美称,λ 受之无愧。

二、简洁之美

爱因斯坦说过:"美,本质上终究是简单性的。"他还认为,只有借助数学,才能达到简单性的美学准则。物理学家爱因斯坦的这种美学理论,在数学界,也被多数人所认同。朴素、简单,是其外在形式。只有既朴实清秀,又底蕴深厚,才称得上至美。欧拉给出的公式:$V-E+F=2$,堪称简洁美的典范。世间的多面体有多少?没有人能说清楚。但它们的顶点数 V、棱数 E、面数 F,都必须服从欧拉给出的公式,一个如此简单的公式,概括了无数种多面体的共同特性,怎能不令人惊叹不已?由它还可派生出许多同样美妙的东西。如,平面图的顶点数 V、边数 E、区域数 F 满足 $V-E+F=2$,这个公式成了近代数学两个重要分支——拓扑学与图论的基本公式。由这个公式可以得到许多深刻的结论,对拓扑学与图论的发展起了很大的作用。

在数学中,像欧拉公式这样形式简洁、内容深刻、作用很大的定理还有许多。比如:

圆的周长公式:$C=2\pi R$;

勾股定理:直角三角形两直角边的平方和等于斜边平方;

平均不等式:对任何正数 $x_1, x_2, \cdots, x_n$, $x_1+x_2+\cdots+x_n \geq \sqrt[n]{x_1 x_2 \cdots x_n}$;

正弦定理:$\triangle ABC$ 的外接圆半径 R,则 $\dfrac{a}{\sin A}=\dfrac{b}{\sin B}=\dfrac{c}{\sin C}=2R$。

数学的这种简洁美,用几个定理是不足以说清的,数学历史中每一次进步都使已有的定理更简洁。正如伟大的希尔伯特曾说过:"数学中每一步真正的进展都与更有力的工具和更简单的方法的发现密切联系着。"

三、奇异、突变之美

全世界有很大影响的两份杂志曾联合邀请全世界的数学家们评选"近50年的最佳数学问题",其中有一道相当简单的问题:有哪些分数 $\dfrac{ab}{bc}$,不合理地把 b 约去得到 $\dfrac{a}{c}$,结果却是对的?

经过一种简单计算,可以找到四个分数:$\dfrac{16}{64}, \dfrac{26}{65}, \dfrac{19}{95}, \dfrac{49}{98}$。这个问题涉及"运算谬误,结果正确"的歪打正着,在给人惊喜之余,不也展现一种奇异美吗?

还有一些"歪打正着等式",比如:

$$2^5 \cdot 9^2 = 2592, 2^5 \cdot \frac{25}{31} = 25\frac{25}{31}, 11^2 \cdot 9\frac{1}{3} = 1129\frac{1}{3}$$

人造卫星、行星、彗星等由于运动的速度的不同,它们的轨道可能是椭圆、双曲线或抛物线,这几种曲线的定义如下:

到定点距离与它到定直线的距离之比是常数 e 的点的轨迹,

当 $e<1$ 时,形成的是椭圆;

当 $e>1$ 时,形成的是双曲线;

当 $e=1$ 时,形成的是抛物线。

常数 e 由 0.999 变为 1、变为 0.001,相差很小,形成的却是形状、性质完全不同的曲线,而这几种曲线又完全可看作不同的平面截圆锥面所得到的截线。

椭圆与正弦曲线会有什么联系吗?做一个实验,把厚纸卷几次,做成一个圆筒。斜割这一圆筒成两部分。如果不拆开圆筒,那么截面将是椭圆,如果拆开圆筒,切口形成的即是正弦曲线。这其中的玄妙是不是很奇异、很美?

无序的混沌状态,通常以为不可用数学来研究。可从确定的现象[一个二次函数$\lambda x(1-x)$]通过迭代居然能产生出随机现象,也就是说无序的混沌状态,竟然可以从一个二次方程的迭代产生出来,这就把两种完全不同类型的数学问题沟通起来了。这深刻的发现,使人不禁感叹大自然规律的神奇。还有,菲根鲍姆对许多迭代函数进行了大量的计算,都得到了常数 4.669 201 629……,这绝非巧合,尽管目前还不清楚这个数的本质。就是数学的这种奇异美使神秘、严肃、程式化的数学世界充满了勃勃生机。

四、对称之美

在古代"对称"一词的含义是"和谐""美观"。事实上,译自希腊语的这个词,原义是"在一些物品的布置时出现的般配与和谐"。毕达哥拉斯学派认为,一切空间图形中,最美的是球形;一切平面图形中,最美的是圆形。圆是中心对称图形,圆心是它的对称中心;圆也是轴对称图形,任何一条直径都是它的对称轴。

梯形的面积公式:$S=\dfrac{(a+b)h}{2}$,其中 a 是上底边长,b 是下底边长。

等差数列的前 n 项和公式:$S_n=\dfrac{(a_1+a_n)n}{2}$,其中 a_1 是首项,a_n 是第 n 项。

这两个等式中,a 与 a_1 是对称的,b 与 a_n 是对称的,h 与 n 是对称的。对称不仅美,而且有用。

电磁波的波动方程:$\nabla^2 E-\dfrac{1}{c^2}\dfrac{\partial^2 E}{\partial t^2}=0 \quad \nabla^2 B-\dfrac{1}{c^2}\dfrac{\partial^2 B}{\partial t^2}=0$

其中,B 为磁场强度,E 为电场强度,c 为光速。这个方程中 B 与 E 是对称的,麦克斯韦用纯数学的方法从这些方程中推导出可能存在的电磁波,这种电磁波后来被赫兹发现,由此可得电场与磁场的统一性。

对称美的形式很多，对称的这种美也不只是数学家独自欣赏的。人们对于对称美的追求是自然的、朴素的。如格点对称，14 世纪在西班牙的格拉那达的阿尔汉姆拉宫，存在所有的格点对称，而 1924 年才证明出格点对称的种类。此外，还有格度对称，如我们喜爱的对数螺线、雪花，知道它的一部分，就可以知道它的全部。李政道、杨振宁也正是由对称的研究而发现了宇称不守恒定律。从中我们体会到了对称的美与成功。

五、创新之美

欧几里得几何曾经是完美的经典几何学，其中的公理 5 "过直线外一点有且只有一条直线与已知直线平行"和结论"三角形内角和等于二直角"，这些似乎是天经地义的绝对真理。但罗马切夫斯基却采用了不同公理 5 的结论："过直线外一点至少有两条直线与已知直线平行"，在这种几何里，"三角形内角和小于二直角"，从而创造了罗氏几何。而黎曼几何学没有平行线。这些与传统观念相违背的理论，并不是虚无缥缈的。当我们进行遥远的天文测量时，用罗氏几何学是很方便的，原子物理、狭义相对论中也有应用；而爱因斯坦建立的广义相对论中，较多地利用了黎曼几何这个工具，才克服了所遇到的数学计算上的困难。每一个理论都需要不断创新，每一个奇思妙想、每一个似乎不合理又不可思议的念头都可能开辟新的天地。这种开阔了我们的视野，开阔了我们心胸，给我们完全不同感受的难道不是切入肌肤的美吗？如果我们再大胆设想一下，是不是还存在一个能包容欧氏几何和非欧几何的更广泛的几何学呢？事实上，通过高斯曲率可以将三种几何统一在曲面的内在几何学中，还可以通过克莱因几何学与变换群的观点将三种几何统一起来。在不断创新的过程中，数学得到了发展。

六、统一之美

数的概念从自然数、分数、负数、无理数，扩大到复数，经历了无数次坎坷，范围不断扩大了，在数学及其他学科的作用也不断地增大。那么，人们自然想到能否再把复数的概念继续推广。

英国数学家哈密顿苦苦思索了 15 年，没能获得成功。后来，他"被迫作出妥协",牺牲了复数集中的一条性质,终于发现了四元数,即形为 $a_1+a_2i+a_3j+a_4k(a_1,a_2i,a_3j,a_4k$ 为实数)的数,其中 i、j、k 如同复数中的虚数单位。若 $a_3=a_4=0$,则四元数 $a_1+a_2i+a_3j+a_4k$ 是一般的复数。四元数的研究推动了线性代数的研究,并在此基础上形成了线性结合代数理论。物理学家麦克斯韦利用四元数理论建立了电磁理论。

数学的发展是逐步统一的过程。统一的目的也正如希尔伯特所说的:"追求更有力的工具和更简单的方法"。

爱因斯坦一生的梦想就是追求宇宙统一的理论。他用简洁的表达式 $E=mc^2$ 揭示了自然界中质能关系,这不能不说是一件统一的艺术品。但他还是没有完成统一的梦想。人类在不断探寻着纷繁复杂的世界,又在不断地用统一的观点认识世界,宇宙没有尽头,统一美也需要永远的追求。

数学之美,还可以从更多的角度去审视,而每一侧面的美都不是孤立的,它们是相辅相成、密不可分的。它需要人们用心、用智慧深层次地去挖掘,更好地体会她的美学价值和她丰富、深邃的内涵和思想,及其对人类思维的深刻影响。如果在学习过程中,我们能与数学家们一起探索、发现,从中获得成功的喜悦和美的享受,那么我们就会不断深入其中,欣赏和创造美。

(张 进)

体验化学之美

化学的美,在于其变化之美,化学可以创造出千变万化的奇迹。当铁插入硫酸铜溶液中,铁的银白色立即变成古铜色。化学是一门研究变化的科学,这种变化可以达到一种引人入胜的境界。化学让世界不再单调,不再乏味,相反充满了变化的生机,它给世界带来变化的美。

一、体验式学习的教学策略

成功地开展体验式学习,关键是教师要创设一种有意义的情境,并不断引领、促进学生在情境中的体验、生成意义。有关的教学策略如下。

1. 创设表现情境,唤醒学生原有的经验

对于熟悉的事物和情境,只要给学生创设表现情境,让他们受到相应的刺激,就能使他们产生相关的联想,激活原来积累的经验,进入某种联想到的情境从而产生体验。

2. 留心日常生活,把熟悉的生活情境带入课堂

只要我们做个生活有心人,就会发现生活中有许多情境可以直接或稍作调整地带入课堂,在教学中能产生很好的效果。

3. 进行体验式学习,引导学生反思

如果我们不引导学生进行反思,学生得到的可能只是一种直观的感受,也许跟我们在日常生活中的感受差不多。为了使学生产生的体验对他们更有意义,使这些体验对他们的发展,特别是情意的发展有更大的作用,在具体体验后,老师要引导他们进行回味、反思,之后可能还会产生新的感受。因此这还是一个再体验的过程。

二、具体操作

利用问卷调查的形式以及学生进校成绩了解本届高一学生化学学习的态度、对实验的看法、对老师的情感。（调查表略）

对现在人教版《化学1》和《化学2》的实验开展次序进行整理，明确每个实验开展目的。（实验目录略）

统计结果显示如下。

（1）《化学1》中教师演示实验共27个，以科学探究形式出现的教师与学生协作的动手实验共6个，以学生自己动手为主的学生实践活动共5个。《化学2》中教师演示实验共16个，以科学探究形式出现的教师与学生协作的动手实验共7个，以学生自己动手为主的学生实践活动共4个。

（2）现在人教版《化学1》和《化学2》中的部分实验与生活联系紧密，如《化学1》中出现的实验"利用铝盐和铁盐净水""分析空气污染原因""雨水pH的测定"，《化学2》中出现的实验"制作水果原电池""通过除水垢实验比较乙酸和碳酸的酸性强弱""利用塑料袋催熟水果""从海带中提取碘"。但是总体数量太小。

（3）在此基础上，我确定了我的具体实证可以从以下两方面展开：一是按教材知识点的展开次序将已有的家庭小实验的实例补充进去，二是对现在教材中的实验进行改进使其更贴近生活。

结合已有的家庭小实验的实例，对实验进行整理，将现在教材中的演示实验和分组实验进行改进，将家庭实验转变为在学校里进行的学生实验。

案例1：《化学1》第二章第一节"物质的分类"

本节的重难点是胶体的性质。教材中安排了一些有关胶体的实验，如$Fe(OH)_3$胶体的制备，观察胶体的丁达尔效应，通过过滤比较胶体与浊液粒子的大小，但在讲述凝胶知识时课本中提到"豆腐、肉冻、果冻是生活中经常见到的凝胶态物质"。笔者结合查阅的资料认为，在此补充一个实验能提高学生学习胶体知识的兴趣。

实验名称：自制凝胶——固体酒精

实验目的：制备固体酒精。

实验原理：固体酒精并不是固体状态的酒精。酒精的熔点很低，常温下不可能是固体。固体酒精是醋酸钠与酒精形成的凝胶。醋酸钠易溶于水而难溶于酒精,当两种溶液相混合时,醋酸钠在酒精中形成凝胶析出。液体便逐渐从浑浊到稠厚,最后凝聚为一整块,就得到固体酒精。

实验材料:醋精、碳酸钠溶液、工业酒精。

实验步骤:将纯碱制成热的饱和溶液。将醋精慢慢加入碳酸钠溶液中,注意及时搅拌直到不再产生气泡为止,醋酸与碳酸钠反应生成醋酸钠、水、二氧化碳。将所得溶液蒸发制成饱和溶液,将热的饱和溶液迅速倒入一定量的工业酒精中,注意酒精量不要太多,待溶液冷却后,即可得到固体酒精。将所得固体酒精盛放到铁罐中,使用时点燃即可。

案例2:《化学1》第二章第三节"氧化还原反应"

本节教材中没有安排实验,但氧化还原反应的本质一直是学生高中学习阶段中的重难点。如果开展一两个实验,不但可以调动学生学习本节内容的兴趣,也可以加深学生的理解。

实验背景:传销员先叫一位第一次来听传销课的人到附近买了一包方便面,然后把一瓶黑色溶液倒入烧杯中,再把方便面放入烧杯,方便面就被染得漆黑,令人作呕。然后说如果我们吃了脏东西也就如此,那么怎么办呢?现在美国的科学家刚开发研制出一种新药品,可以解决这一问题。朋友们,请看我把这一粒药品捏碎放进刚才脏兮兮的方便面和脏水里,看看会有什么奇迹出现?半分钟后,方便面恢复为原来的颜色,烧杯里的水也变澄清了。

实验名称:神奇的药片

实验材料:淀粉、碘、维生素C药品。

实验原理:淀粉与碘反应生成的蓝色或紫黑色的物质是一种不稳定的加合物;维生素C的分子式为$C_6H_8O_6$,跟碘反应生成无色物质。

化学反应方程式:$C_6H_8O_6 + I_2 \rightarrow C_6H_6O_6 + 2H^+ + 2I^-$

结合化学平衡原理即可解释上述现象:维生素C跟碘反应,使得淀粉与碘反应生成的蓝色或紫黑色的不稳定的加合物向逆反应方向进行,因此加合物和碘的颜色都褪掉了。

案例3:《化学1》第三章第二节"几种重要的金属化合物"

本节中的实验焰色反应,一直是学生非常乐意做的一个实验。但本实验存在的缺陷是:操作繁琐,观察钾的焰色反应时必须透过蓝色的钴玻璃。

在课堂上做演示实验时很难让每个学生都同时观察到钾的颜色。笔者结合资料,认为可以将实验进行如下的修改。

【方案1】 在蒸发皿中加入3～5 mL 酒精(气温低时可适当多加一些),用火柴点燃酒精,使蒸发皿被灼烧,当酒精燃烧火焰颜色很浅时,用胶头滴管滴入3～4滴各种金属盐溶液,都可以看到3～6 cm 高的火焰。这种方法所用试剂消耗量少,尤其是对钾的焰色反应进行观察时,不必透过蓝色钴玻璃,就可以直接观察到钾的紫色火焰,现象非常明显。

【方案2】

实验名称:火龙喷火

实验材料:浇花的喷壶、各种金属盐溶液、酒精灯。

实验步骤:喷壶内装金属盐溶液,点燃酒精灯,喷壶口对准酒精灯火焰喷洒,可以看到明显的焰色反应。

案例4:《化学2》第二章第一节"化学能与热能"

本节的教学重点是化学能与热能之间的内在联系以及化学能与热能的相互转化。本节安排的实验是通过 $Ba(OH)_2 \cdot 8H_2O$ 与 NH_4Cl 的反应体会吸热反应。如果在此实验后安排学生做"自制冰袋"的实验,效果很好。

实验名称:自制冰袋

实验材料:碳酸钠晶体、硝酸铵晶体、小塑料袋、线绳。

实验步骤:将约30 g 研细的碳酸钠晶体装入小塑料袋底部,压紧后,用线绳将塑料袋绑住,使碳酸钠的晶体被封在塑料袋的下半部,再将约20g研细的硝酸铵晶体装入塑料袋的上半部,用烧热的铁丝或锯条将塑料袋封口,即做成"冰袋"。使用时,只要将线绳解下,用手使袋内两种固体粉末充分混合,便立即产生低温。当外出旅游时,这种"冰袋"可用于短时间保鲜。

案例5:《化学2》第二章第二节"化学能与电能"

本节的教学重点是初步认识原电池概念、原理、组成及应用。根据本节教学的重点,设计以下实验。

【方案1】 原电池原理的应用

实验名称:会唱歌的贺卡

实验材料:音乐贺卡、铜片、锌片、苹果(或其他水果)、导线。

实验步骤:用铜片、锌片、苹果、导线连接好原电池,将导线接到音乐贺卡两极,即可听到贺卡唱歌。

【方案2】 证明原电池的反应速率大于一般的化学反应。

实验名称:快速膨胀的气球

实验材料:气球(2只)、锥形瓶(2个)、铜片、锌片、稀硫酸。

实验步骤:锥形瓶A、B中放入等浓度、等体积的稀硫酸,气球a中放置锌片,套在锥形瓶A瓶口。气球b中放置与气球a中等量的锌片同时放入铜片,套在锥形瓶B瓶口。实验开始时,同时将气球a、b提起,使其中的金属滑落锥形瓶中,比较产生气体的快慢程度。

案例6:《化学2》第三章第四节"基本营养物质"

本节的教学重点之一是葡萄糖、蛋白质的特征反应。

葡萄糖的两个特征反应都可以设计出更贴近生活的实验。

【方案1】 葡萄糖与弱氧化剂氢氧化铜反应。

实验名称:自测尿糖

实验目的:检验自己或别人是否患有糖尿病。

实验步骤:试管内加入班氏试剂,加热至沸,随即加入尿液试剂,冷却后观察。

实验说明:①班氏试剂药房有售;②如果学生无法接受尿液试剂,还可将本实验改成"检验葡萄汁、苹果汁中是否含有葡萄糖"。

【方案2】 葡萄糖与弱氧化剂银氨溶液的反应。

实验名称:自制小镜

实验目的:利用葡萄糖与银氨溶液的反应,每人自己制作一面小镜子。

实验材料:清洁的玻璃片、胶带、大烧杯、硝酸银溶液、氨水、葡萄糖水、喷漆。

实验步骤:

①用纸巾将玻璃片的两面擦干净,并用胶带盖住玻璃片的一面。

②将第一步的玻璃片放进大烧杯内(没有胶带的一面向上)。

③在大烧杯内加入硝酸银溶液和氨水(灰色沉淀产生)。

④继续加氨水,搅拌,直至灰色沉淀完全溶解。

⑤将热葡萄糖水倒进大烧杯内。

⑥等候20分钟,用清水冲洗银镜,用电吹风吹干银镜,用喷漆喷涂银镜没有胶带覆盖的一面。

⑦剥去银镜的保护胶带。

蛋白质的特征反应也可以设计出更贴近生活的实验。

实验名称：真假毛料

实验目的：掌握用燃烧法粗略鉴别几类纺织纤维的方法。

实验步骤：取毛织品、丝绸、棉织品、化纤织品各一小块,分别放在酒精灯火焰上烧。可见毛织品和丝绸接近火焰时先卷缩后燃烧,有烧焦毛发的焦糊气味,烧后的灰烬较多,成为有光泽的硬块,施压立即碎为粉末;棉织物纤维接近火焰不卷缩,慢慢燃烧,燃烧几乎不产生什么气味,灰烬很少,呈灰白色粉末状;化纤织物的纤维,接近火焰时迅速卷缩,有熔化成小球的现象,趁热可拉丝,燃烧比较慢,有气味,灰烬为球状,颜色较深,不易破碎。

(4) 结合教材,整理出家庭实验的开展目录。

《化学 1》开展的实验有:自制凝胶——固体酒精、神奇的药片、铝盐和铁盐的净水作用、火龙喷火、分析空气污染原因、雨水 pH 的测定。《化学 2》开展的实验有:自制冰袋、会唱歌的贺卡、快速膨胀的气球、制作水果原电池。

(李志飞)

品味信息之美

苏霍姆林斯基说过:"我千百次地证实:缺少了诗意的、美感的涌流,孩子就不可能得到充分的智力发展。我一千次地确信:没有一条富有诗意的、感情的和审美的清泉,就不可能有学生全面的智力发展。富有诗意的创造开始于美的创造。"由此可见,美对于教育的重要性。在这个信息爆炸的时代,信息技术在学校教育中的影响势不可挡。信息技术的学科之美,渗透在新颖的主题活动、热烈的小组合作等诸多方面。另外,信息技术与其他学科的整合也让其他学科的教学发生了让人耳目一新的改变。信息技术以其独有的魅力,为其他学科创设了更美、更引人入胜的学习情境,引领了新的教育技术,为"教"与"学"提供了更多的选择方式。

一、教学设计中的"美"

充分挖掘学科之美,认真进行教学审美设计,就能让学生灵感焕发,激发学生对信息学科的兴趣,有助于开发学生的智力、培养学生的创新能力,创设一种活跃的、生动的教学情境,为课堂教学过程注入美的因素。

教师要有创新意识,树立正确的审美观,创设多姿多彩的美育情境,将大自然中的美、生活中的美、教材内容中的美融入教育过程中,寓教于美,让学生在学习中体验美、鉴别美、创造美。

1. 体验美

课堂教学中利用录像、多媒体等手段,带学生进入到生动富有感染的情境中去,让学生直观感受美。例如上音频编辑课时,笔者用邢彦飞同学录制的小高考歌曲导入这节课,同学们静静聆听,无不佩服邢同学的声情并茂,赞许他的音质很棒。得知《扬子晚报》也对其创作进行相关报道后,课堂氛围一下子活跃了起来,大家的集体荣誉感油然而生。这时教师再提及大家通过这节课的学习也能达到这个效果时,大家的学习积极性被很好地激活了,纷纷跃跃欲试,这节课取得了很好的教学效果。

2. 鉴别美

高尔基说:"未来的教育就是美的教育。学生能对美的事物加以辨别和评价,不仅要识别美丑,而且要理解美的事物,鉴别美的种类和程度。"

指导学生欣赏和理解教材中乃至生活中的艺术作品,培养学生的审美想象力,提高其审美感受力,激发学习兴趣和求知欲,让他们在愉悦的心境下自觉地接受和掌握知识。

抛砖引玉甚为重要,好的案例展示能让学生打开思想的窗户,获得更多的灵感。比如在网站制作章节,讲网站布局时以优秀网站来讲解配色方案,字体统一,表格布局,培养学生的审美感,为今后自己设计打下基础。

3. 创造美

善于利用教学情境中的美,开发学生的创造潜能,使学生们有机会使用技术用自己的表达方式来表现美。

二、课堂氛围中的"美"

"兴趣是最好的老师",学生们对信息课很感兴趣,因为这里有开放的教学环境,有上机操作的实践机会,还可以接触到信息量大、缤纷多彩的网络世界。

"亲其师,信其道",教师关爱学生,尊重学生个性;学生喜欢、信任教师,共同营造和谐、愉悦的教学环境,学生的思维变得沽跃又流畅,学习积极性得以提高。如果你看到课前学生们兴趣盎然地走进机房主动问今天这节课学什么,看到课堂上师生间互动、生生间热烈讨论,你也会觉得这样的氛围很美。

1. 互助精神中的"美"

在学习过程中,学生的学习状态一定会产生差异。同样的学习任务,有的学生能很快完成,而有些同学则觉得困难很难突破,老师时间有限,难以逐一辅导。这时需要倡导学生间发扬互助精神,同学们可以通过探讨来解决问题,课代表、小组长还可以离开座位对他人进行辅导。这一过程增强了学生的语言表达力、思维拓展力和团队协作力,促进了学生间的友谊,大家一起提高，共同进步。如图片加工课中设计的主题是制作母亲节贺卡，大家根据母亲喜好的卡片风格进行设计，再根据自己的审美，选择自己熟悉的工具进行制作。在制作中，教师及时对部分作品进行点评和表扬，使同学们学会欣赏别人的作品；同时引导学生互相帮助、合作解决技术问题，达到使同学们共同进步的目的。他们制作出来的贺卡感动了很多母亲。又如，同学们以小组合作的方式通过网页制作工具站，制作出本班的网站，大家在共同搜集资料、制作页面的过程中，增强了集体荣誉感，更加热爱班级。这种互助友爱的精神很美。

2. 评价方式中的"美"

教育评价是为了发展每一个人，所以信息课上，教师对学生的作品评价应改进方式，采取多元化的教学评价方式。每位学生都是渴求成功、想得到认可的，多元化的评价鼓励创新和进步，赋予其个性发展的空间，激发了学生的探索精神和创新精神，强化了学生自我激励意识。教师善于发现每个学生身上的闪光点，比如男生理性思维能力强，有不少喜爱编程，做出了小程序；美术班学生审美能力强，又有美术功底，做的海报或者公益宣传图很富创意；有的同学集思广益，团队意识强，合作创作并录制广播剧；还有的同学热心、有组织力，在小组合作分工过程中能很好地协调安排。教育的核心是人，只有当每位学生的个性都得到充分尊重和发展时，才能真正实现我们的教育目标。这样的评价方式很美。

3. 学习成果中的"美"

信息技术的作业没有"标准答案"，只有评价标准。教师解读完评价标准后，学生在此基础上，自主选题，完成个性化作品。学生的创造力、想象力很强，十个学生就有十种想法，每一件作品都是学生创造力和信息技术综合能力的体现。教师教授技术和知识，学生灵活运动并赋予其思想创造出来的作品往往不拘一格，令人耳目一新，惊喜连连。如用 VB 编程来实现《龟兔赛跑》故事情节时，不少同学奇思妙想，修改代码，进行改编。有位同学的情节是这样的：打瞌睡的兔子在乌龟快到终点时忽然醒悟，继而奋起直追，最后赢得了胜利。程序虽然是小小改动，但是需要学生对知识灵活运用才能实现，同时学生也在改编过程中悟出了人生要义。每一个作品都是独一无二的，其中蕴含了学生的想象力，灵活的知识运用能力。头脑风暴加上自主创新，这样的学习成果很美。

4. 学以致用中的"美"

在学习和生活中,同学们常常需要使用信息工具来制作作品,这对大家的应用能力是有较高的要求的,属于综合性较强的任务:用 Word 制作图文并茂的宣传报;用 Excel 辅助教师进行考试成绩数据分析;用 Photoshop 做出比赛的海报;用 Audition 制作伴奏带、录制歌曲;用 Premiere 制作心理剧、微视频等。应用过程是探索的过程也是提高的过程,一方面老师可以提供技术支持,另外一方面学生也可以培养自己的自学能力,每年都有不少学生在电脑制作活动中获得不错的成绩。每当看到学生们活学活用、学以致用,将信息技术运用到学习生活中时,作为教师,你会觉得学以致用很美。

三、渗透在其他学科中的"美"

人类获取的信息 83% 来自视觉,11% 来自听觉,视觉和听觉在信息获取的过程中起着极其重要的作用。近些年,教师采用信息技术工具,制作出精美的课件,在其中将文字、图像、动画、声音等有机集成在一起,进而展示事物的本质特征与内在联系,使抽象的图形、呆板的文字变成赏心悦目的画面,对学生进行多重感官的刺激,有利于创造一种生动活泼的教学情境,创建美的课堂。

信息技术资源库的引入给教师提供了丰富的教学资源,突破了以书本知识为单一来源的限制,教师们博采众长,完善教学内容,提高教学水平和备课效率。

微课、慕课等新型教学资源正在逐步被教师学习和使用,帮助大家解决不少教学难题。例如一些因为条件限制而不能进行的实验,还有比较难讲解的知识点,都可以借助多媒体来进行情境展示,例如"机械振动"这节课中,教师做演示时,振子一晃而过,振动细节难以捕捉分析,而使用 Flash 动画,将细节展现明了,学生更易理解。

可以看出,信息技术的美不仅蕴含于信息课中,也渗透到了其他学科的教学中。学生们在感受到信息之美的同时,提高了用信息技术解决问题的能力、创新能力和信息素养;同时,信息技术在与其他课程的整合中,不仅作为手段,还引领了教学方式和学习方法的变革,信息技术营造的新型教学环境很美,各门学科在信息技术的引领下呈现出百花齐放的美丽景象。

(夏 明)

赏析自然地理之美

当我们徜徉在地理大观园的时候，无不为其美丽所折服。苏东坡有诗曰："水光潋滟晴方好，山色空蒙雨亦奇。欲把西湖比西子，淡妆浓抹总相宜。"这是描绘杭州西湖的诗，西湖周围的万千气象与湖光山色使作者感受到了美，这其实是大自然呈现给我们的美，即自然美。

大自然是丰富多彩的，人类的感情更是多种多样的。当人类置身于大自然中便会对自然产生各种感觉，这其中不乏美感。作为高中地理教师，在引导学生学习书本知识的同时，若能带着学生欣赏自然地理之美，则更有利于培养他们的艺术感悟力、创造力，激发其科学探索的热情，培养其善良、高贵的人格。审美教育必将影响人的品行修养，是人性善良的基石。这和我们学校的教育理念——"美的教育"不谋而合。那么自然地理之美有什么特征呢？

一、自然地理之美具有多样性

地理以区域环境为研究对象，具有广阔的空间性，上及天，下达地，蓝天、白云、大海、森林、草原、日月星辰、花鸟鱼虫、沙漠、冰川、城市、乡村……山水之间阴阳相配，冥冥之中刚柔相济。宇宙的神秘与诡谲，万物的多样与和谐。面对一幅幅绚丽的世界图景，无不为大自然的和谐美丽而震撼。"智者乐水，仁者乐山"，"灵性出万象，风骨自高洁"，穷极于山水间，尽享世界的和谐与美丽。

二、自然地理之美具有自然性

其实,自然与自然地理之美是不同的概念,自然只是一种物质,并不具备什么美与不美的属性或价值。随着人类社会的发展,人们在长期的劳动实践中逐步掌握了自然的规律,使人与自然的关系越来越近,把自然作为审美对象,才使自然有了一定的社会意义,从而显示出美来。但是自然地理之美对自然有着直接依赖关系,自然地理之美永远离不开一定的自然物质的属性,如蓝天白云、黄昏落日、炽热的阳光、皎洁的月色、清澈见底的湖水,它们的美不是人类创造的,是自然形成的,不以人的意志为转移。它们以质朴自然、浑然天成的形式体现人的精神品格和个性,使人从中发现美、享受美。如果在对待自然地理之美的问题上,撇开自然物的属性,把自然地理之美完全看作人类的主观感受的产物或完全归结于自然物的属性,都是错误的。因此,自然地理之美是一种特定形态的美,既离不开人的社会实践,也离不开事物的自然属性。

三、自然地理之美具有形式美

形式美是自然地理之美的一个十分突出的特征。美是人在特定的心理状态下对具有特定形式的物质的感受,要求物体的内容与形式相对统一。但自然地理之美的内容在多数情况下,显得比较隐约、模糊。举个例子,你能说出一座山、一条河流、一棵参天大树的美所蕴含的内容吗?只有当你登上高山之巅,才感受到山高为峰之美;只有当你站在河流的发源地,你才会感到小流汇集成江河之美;只有当你了解大树的生长历程,你才会感到参天大树的坚韧不拔之美。在特定的条件下,人们才会明确具体物体所包含的美的内容。还有自然之物是自然生成的,不是人类有意识地加工的结果,其具有的内容是人力所不能及的。因此,在欣赏桂林的一座座拔地而起、各不相连、意态万千的山时,往往忽视其内容,而它们的形式却不模糊,又不笼统,显得异常清晰,给人以鲜明的印象。可见,人们更重视自然在其色彩、声音、线条、形状、质料等形式上的美。

四、自然地理之美具有联想性

由于自然物所表现的形式是多方位、多角度的,有的甚至变化不定,如云、水等,因此这些事物往往使人产生联想而进一步使人产生美感,并且联想愈丰富,愈奇妙,这种美感愈使人兴奋。李白当年面对瀑布吟唱"飞流直下三千尺,疑是银河落九天",他将飞流直下的瀑布想象为银河,可想而知,当年李白被瀑布的壮观之美所震撼的程度。还有"忽如一夜春风来,千树万树梨花开",雪花与梨花相似,树上挂满了雪花,仿佛是冬天里梨树开花,让人惊奇,感受自然精湛的技艺之美。比如看晚霞时,太阳光染红了天边的云彩,有的云彩像马,有的云彩像卧着的牛和羊,旁边好像还坐一个牧羊人,还以为天边有一个农场。更有甚者,有人将雨后的彩虹想象为天仙女擦眼泪的彩绸。这些都引起了人们丰富的想象。

当人们看到拔地参天、高大磅礴的珠穆朗玛峰耸立于喜马拉雅山脉时,想到的是登上峰顶后,举头红日近、回首白云低的雄伟之感,心中不禁产生一种敬畏之情。这是自然地理给人们的美的享受。当人们在春天,置身于山野之中,脚下有绿色的小草、各色的花、清澈的河水,眼前有浓荫绿树,树上有发出悦耳动听的叫声的鸟,远处隐约可见村落小镇的轮廓和绵延无际郁郁葱葱的山,会感到大自然景观的秀美,为祖国有这样的锦绣风光而骄傲。这也是自然地理给人们的美的享受。当人们来到桂林,划着竹筏于江水之上,看到像老人、巨象、骆驼等形态万千的山时;当人们登上黄山,看到黄山高峻奇险的山峰,纤细挺拔的石峰,苍劲洒脱的松树,浑厚简洁的石头,似真似幻的云海时;人们叹为观止,为这罕见的自然奇观而震撼,为大自然的鬼斧神工而遐想无穷,从而获得无穷无尽的美感……这都是自然地理所赋予的美的感受,在享受美的同时,人们的情操也得到了陶冶。

在欣赏自然地理之美时,自然界也要求处理好与它的关系。地理把人地相关性作为自己的研究对象,揭示出人类是自然的一部分,人类与自然是不可分割的整体,人与自然平等、共生、共存,人和自然的关系是和谐的关系。通过对地理人地相关性的学习,理解到人与自然间的正确关系,理解尊重自然才能和谐共处的理念,从而体味出一种和谐美。古人有"天人合一"的观念,其中就含有启蒙的人地关系的合理内涵。儒家主张"礼乐合一""美善相乐",又把"仁"当作审美理想的核心,强调人类社会中人与人之间的和谐,含有更多的人伦成分和浓厚的政治色彩,因而缺乏对环境、对生命的广泛关注。道家主张"游于自然之道""返璞归真""清静无为",试图在人与自然间建立起混沌的和谐。地理学则要求我们在处理好社会关系的同时,还应处理好人与自然的一系列关系,对自然讲伦理道德,特别是要处理好人与其他生命的关系。强调在人与人、人与其他生命之间建立起平等、公平的秩序,因而具有一定的伦理道德美。

欣赏自然地理之美,可以发挥人的想象力。在古诗中,可以知道有"千树万树梨花开""露似珍珠月似弓"等。自然物与生活中的某些事物有相似之处,使人想起一些美好的生活,进入情景交融的审美境界,人们就会发挥丰富的联想和想象力,将自然物想象得给人以最好的感觉。人们要有丰富的联想和想象力,才能真正进入自然美的欣赏阶段,才能真正领悟自然美的丰富而深刻的意蕴。如李白"月下飞天镜,云生结海楼",可见其对自然的欣赏已进入想象境界,来抒发自己的情感。

欣赏自然地理之美,还可以提高人的思想境界。大自然丰富多彩,给人以无限启迪,如当你欣赏莲时,会联想到"出淤泥而不染,濯清涟而不妖"的品格,人们会想到莲不受周围的不良环境的影响的品格,内心会产生一种崇敬,于是会进入自我反思状态,希望自己能变得更好,有则改之,无则加勉。又如竹子"未出土时先有节,到凌云处仍虚心",其实竹子的空心象征着人的谦虚,竹子有虚心之美,使人内心深有感触,这应该是自然的力量在感化人类。长此以往,就使人们的心灵得以净化,思想境界更进一步。

总之,欣赏自然地理之美,能够给人以无限收获的享受。将对自然地理之美的赞叹带进课堂,带领学生欣赏美,发现美,这更是一种享受。席勒说过:"若要把感性的人变成理性的人,唯一的途径是先使人成为审美的人。"对自然地理的美的感受能赋予我们对地理更多的学习热情,更重要的是可通过对自然地理的美的感受陶冶我们的情操,并运用自然地理之美去创造和谐而美丽的世界。

(何　铮)

◎ 附　录

- 校本课程
- 特色活动
- 学生成长
- 社会美誉

● 校本课程

○ 美术校本课程目标及体系

美术校本课程的架构为"金字塔结构"模型,从塔底到塔尖分别由面向全体学生、面向美术班和美术特长学生及面向美术专业优秀学生的美术特色校本课程构成。

美术校本课程宗旨:普特并举、必选同修。使美术教育成为学校所有学生受惠、所有学生彰显的文化特征,使学校完成"学校特色"到"特色学校"的转变。

美术校本课程目标:校内人人都具有美术欣赏能力;金字塔中部要求是班级都有美术兴趣小组,组内人人都有美术创作能力;金字塔的顶部要求是班班都有美术专业的特长生,特长生人人都能举办个人画展。

美术校本课程内容:第一,面向全校学生的美术鉴赏选修、书画名家选修课程、文化学科课堂教学渗透美的教育的"学科之美"课程;第二,面向美术特长生的选修课程12门(素描基础、色彩基础、速写基础、设计基础、户外写生基础、创意素描、彩色头像、书法、雕塑、油画、中国画、陶艺)和书画名家选修课程4门(学艺之路、艺术梦想、创新发展、专业创作讲学);第三,面向参加高考的美术类学生的校本课程6门(素描、色彩、速写、设计、户外写生、创意)和书画名家课程6门(素描、色彩、速写、设计、户外写生、创意)。

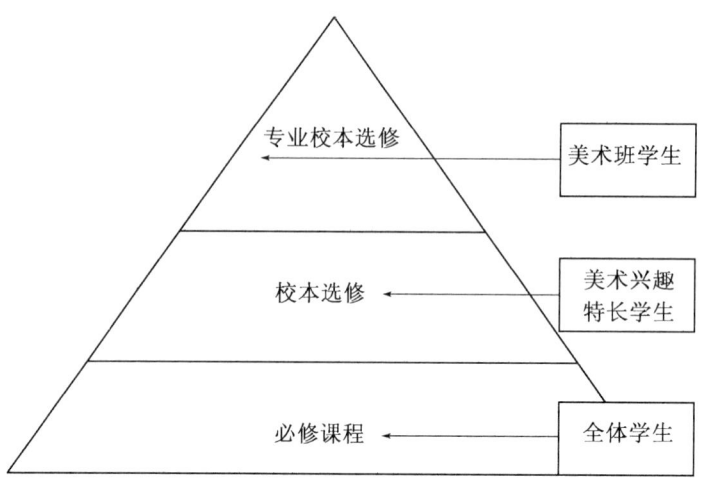

美术校本课程框架 1

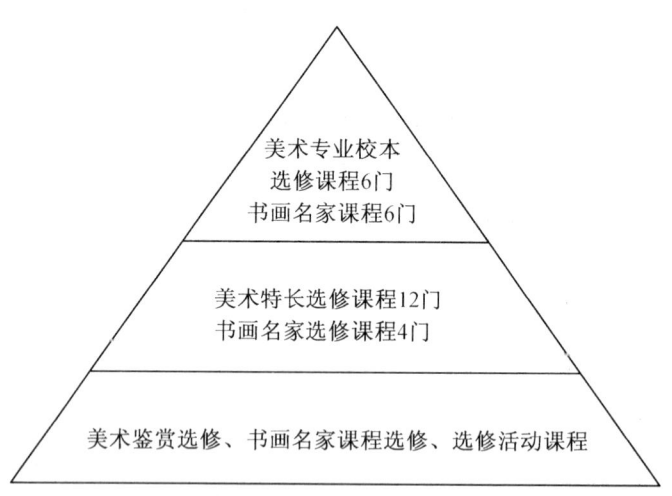

美术校本课程框架 2

○ 美术校本课程教学标准

学期	科目	课时	教学内容	教学要求	课内外作业
高一年级第一学期	美术文化与作品欣赏	六课时	＊美术与美术家 ＊美术的呈现状态与历史变化 ＊作品欣赏 ＊专业学习的目标和要求	＊使学生了解美术文化的基本概念和基础知识,提高审美能力;树立美术志向、明确学习任务、端正学习态度	按要求阅读教材及相关书籍,写小论文若干
	速写	集中授课六课时	＊人物速写的观察和表现 ＊作品观摩与讲评	让学生深刻认识速写的重要意义并增强信心、培养兴趣、分阶段进行技能训练	每天完成作业3~5幅,每周批改评讲一次素描作业
	素描	十八课时	几何体结构素描 ＊构图知识、作画步骤 ＊表现形式与技法	学生应掌握几何形体的结构及其表现方法;要求掌握正确的观察、比较方法;作业构图好,结构准确,表现恰到好处	完成写生作业6幅左右
		二十一课时	静物结构素描 ＊物体的结构特点 ＊比例与空间 ＊方法与画面效果	＊学生要画出静物结构素描的结构特点,空间感好,注意处理画面效果 ＊教师备好授课要点及范画并演示、辅导	完成写生作业7~10幅
		十二课时	几何体明暗素描 ＊物体的明暗规律 ＊光影中的体积与空间 ＊观察与表现	＊学生了解并掌握明暗素描的特点、观察方法和作画技能 ＊教师要求同上	完成写生作业4幅左右
		十八课时	静物明暗素描 ＊物体质感表现 ＊画面的整体把握和深入刻画	学生在原有的基础上更好地掌握静物素描技能,画出具有质感较为深入的写生作业	完成写生作业6幅左右
		六课时	五官结构素描 ＊五官的基本结构 ＊结构素描技法	锻炼学生表现五官形体结构的准确性,为画好石膏像素描打基础	完成写生作业2~4幅
		十二课时	五官明暗素描 ＊五官的明暗变化规律 ＊明暗塑造的空间层次、虚实变化	了解五官明暗的变化,学会用明暗方法塑造石膏像五官,画出造型准确、体积感强的作业	完成写生作业4~6幅

（续表）

学期	科目	课时	教学内容	教学要求	课内外作业
		六课时	剖面石膏像素描 ＊面部的基本几何体结构表现技法	掌握面部基本结构，使学生能够准确表现剖面石膏像	完成写生作业2~4幅
		十二课时	剖面石膏像明暗素描的观察与表现	掌握剖面石膏像明暗素描整体观察的方法，画出具有明暗调子的素描作业	完成写生作业4~6幅（暑期完成素描20幅）
高一年级第二学期	美术欣赏	六课时	中外美术欣赏 ＊高中美术欣赏教材相关内容 ＊专题美术欣赏	提高学生美术文化素养，增强审美能力和阅读美术作品的专业水平	对有关问题的口头或书面表述
	素描	十二课时	石膏像结构素描 ＊寻找形态、结构的方法	锻炼抓形能力，准确表现形体结构	完成写生作业4幅左右
		三十六课时	石膏像明暗素描 ＊整体的观察与表现方法、效果与技法	学生应能较好地画出石膏像明暗素描作业，明暗关系整体，大空间感觉好	完成写生作业12幅左右
		十八课时	半身人像线描 ＊人体及衣纹结构 ＊线条的组织（疏密、穿插、长短）	学生应能够画出结构准确线条优美的半身人物线描作业，打好人物写生基础	完成写生作业6幅左右
		二十四课时	石膏像明暗素描 ＊素描深入刻画的技法 ＊素描的多种风格特点 ＊素描的效果处理方法	学生应很好地掌握石膏像素描的多种表现技法，画出准确、深入的、高水准的写生作业	完成写生作业4幅左右
		十二课时	静物单体色彩写生 ＊水粉画特性简介（工具、材料、方法、效果） ＊各主要物体的画法研究	使学生熟悉并了解掌握水粉画法，为画水粉色彩静物写生作好准备；画好几种物体的写生作业	完成写生作业4~6幅左右（暑期完成色彩作业20幅左右）
高二年级第一学期	素描	二十四课时	人物头像明暗像素描 ＊头像明暗的规律 ＊整体与局部的关系、明暗素描的表现技法	学生应能准确刻画人物头像的形体与明暗，掌握头像明暗素描的一般画法	完成写生作业8幅左右

(续表)

学期	科目	课时	教学内容	教学要求	课内外作业
高二年级第一学期	素描	二十四课时	人物半身素描 ＊上半身各不同部位的比例、手的结构 ＊人体姿态及其衣纹变化的规律	使学生掌握人物素描写生的技法并能较好地画出人物素描写生作业	完成写生作业8～10幅
		十二课时	全身人物速写 ＊动态与运动 ＊速写的多种手法（线的组织、面的概括）	学生在画好速写的基础上，为默写人物形象作充分的准备	完成写生作业8幅左右
	色彩	二十四课时	水粉静物色彩写生 ＊色彩的观察和调配 ＊写生色调练习	使学生掌握水粉静物写生的技能，画出色彩关系准确、物体塑造结实的写生作业	完成写生作业8幅左右
	设计基础	十八课时	设计基础知识 ＊设计专业介绍 ＊设计作品欣赏 ＊设计基础知识（规则、建构） ＊装饰画临摹	使学生了解设计的形式美法则、思考专业发展方向，绘制出精细的装饰画临摹和变化作业	完成作业若干幅
高二年级第二学期	素描	三十六课时	石膏像、人像写生 ＊全身解剖石膏像写生 ＊半身人物写生 ＊全身动态速写	使学生熟练掌握人物素描写生和人物动态速写的技能技巧，画出高水平的高考应试素描作业	完成素描作业10幅左右、速写作业若干
	色彩	四十八课时	水粉静物写生 ＊深入描绘物体质感的表现技法 ＊花卉等题材的写生练习	学生应熟练掌握水粉画的多种方法以适应高考色彩作业的要求，画出较高水平的应试写生作业	完成写生作业16幅左右
	图案和设计	二十四课时	图案及设计的知识和技法 ＊图案的基础知识及运用 ＊设计范畴的各专业知识与技法	使学生获得图案基础知识和运用的能力，掌握设计专业的知识和制作技能，以适应高考要求	完成课堂作业若干

(续表)

学期	科目	课时	教学内容	教学要求	课内外作业
高三年级第一学期	素描	四十五课时	模拟高考素描教学 ＊人物素描的写生、默写 ＊人物速写	使学生的素描写生能力在模拟高考的实战演习中得到锻炼、提高	完成课堂写生及默写作业15幅左右,速写作业若干
	色彩	七十二课时	模拟高考色彩教学 ＊静物色彩写生 ＊色彩默写、变调练习	使学生的色彩应试能力在高考的实战演习中得到锻炼、提高	完成作业24幅以上
	设计	三十六课时	模拟高考设计教学 ＊设计小专业知识和技法 ＊表现效果的介绍和训练	重在设计思想和动手能力的培养,让学生制作出高水平的设计作业来	完成作业若干

注:美术鉴赏必修和美术各项选修为每周各一节课。

○ 美术校本课程教材

美术校本素描、色彩教材

美术校本写生教材

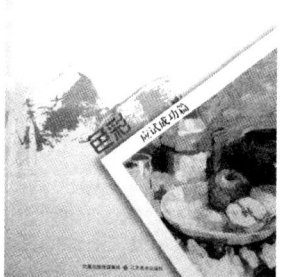

美术校本统考教材

● 特色活动

　　特色活动是校本课程建设的重要载体。学校在重视学生美术知识技能培养的同时，更加注重通过丰富多彩的活动对学生进行非智力因素的培养。通过组织开展"书画名家进校园""名家名作进校园"等系列"专家引领"特色活动，开阔学生视野，激发学生美术学习的兴趣，对学生进行价值引领和专业理想教育，激发学生在专业成长之路上刻苦钻研。

　　教师是美术特色课程建设的关键。为不断提高教师专业素养，引领教师专业教育理念，提高美术专业水平，提升美术教育品质，召开美术教育专题研讨会，成为学校美术特色课程建设的重要抓手。名校必有名师。江苏省美术特级教师陆长根老师，是中国美术家协会会员、南京市美术家协会副主席、江苏省教育学会美术专业委员会副理事长。2010年，我校专门召开了"江苏省第二届美术专业高考学术交流暨陆长根美术教育思想研讨会"。

　　熏陶感染是美的教育的重要特点。美术教育是引领学生健康成长的重要内容和途径。学校特别注重利用授牌签约仪式、艺术节、对外交流、师生作品展等形式多样的活动，让学生在专业成长过程中受到熏陶感染，增强学生作为宁海人的荣誉感，激励学生美术学习的积极性，为其成长成才提供正能量、增添新动力。

○ 专家引领

● 书画名家进校园

宁海中学美术馆揭牌暨书画名家进校园启动仪式

聘请书画名家担任兼职教师

中国国家画院杨晓阳院长来校讲学

喻继高、徐培晨等大师现场挥毫泼墨

著名书画家、江苏省文化厅高云副厅长为学生签名赠书

中国著名油画家邢健健教授来校讲学

中国著名国画家张广才教授来校讲学

法国著名画家、插画家、法国"金画布奖"获得者皮埃尔·康努乐来校讲学

● 名家名作进校园

江苏省教育厅朱卫国副厅长在学校成为美术教育基地揭牌仪式暨名家名作
进校园活动启动仪式上致辞

中国海洋画研究院常务副院长徐生华作报告

○ 专题研讨

● 名师教育思想研讨会

江苏省第二届美术专业高考学术交流暨陆长根美术教育思想研讨会

陆长根老师与来宾交流

● 美术教育研讨会

首届美术教育研讨会

第二届美术教育研讨会

第三届美术教育研讨会

南京艺术学院孙胜银教授在第三届美术教育研讨会上作报告

○ 品质活动

● 授牌签约仪式

清华大学美术学院续签生源基地实验学校授牌

北京服装学院生源基地实验学校授牌

南京师范大学美术学院教学实践基地授牌

中南大学优秀生源基地签约

● 艺术节

首届校园艺术节

第二届校园艺术节暨知名校友卞留念音乐讲演会

● 对外交流

美术班师生意大利艺术之旅夏令营

美术班师生赴意大利艺术交流

赴大连十五中进行美术班办学经验交流

大连市十五中领导介绍美术班办学经验

米罗版画展

佛罗伦萨美展

美国 Cindy Todd 博士来校开设的一堂精彩设计课

香港惠侨英文中学来校交流

● 作品展出

美术教师作品展

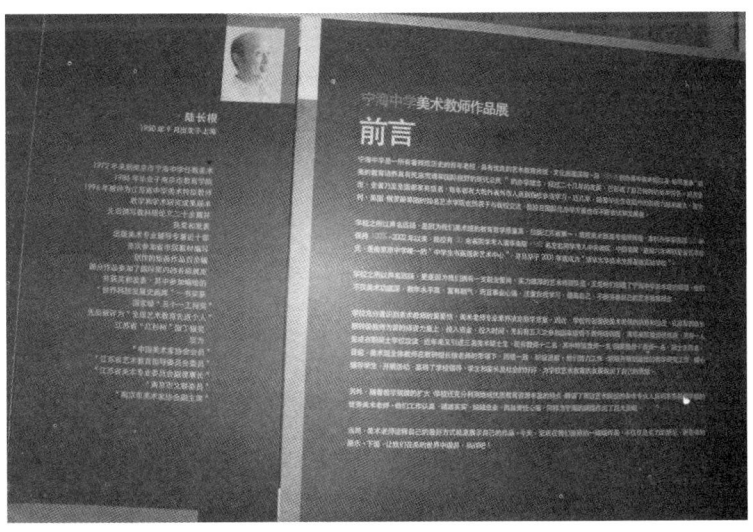

宁海中学美术教师作品展海报

离退休教师与学生艺术作品展

师生艺术作品展一角

离退休教师书画作品选

学生书画作品选

●学生成长

  一所学校办得是否成功,关键是看培养出的学生质量如何。近几年来,学校以"厚文养正,以美立教"的办学理念,坚持"为了一切学生,为了学生一切,一切为了学生"的信念,促进了学生的全面发展,取得了显著的办学成绩。学生不仅在各级各类比赛中获奖,更在一些大型活动中表现了不俗的实力,特别是在备受社会广泛关注的高考中,取得了令人骄傲的成绩,受到了广泛好评。

○ 硕果累累

● 毕业生主要去向

宁海中学2010届以来美术班高考录取情况一览表

届别	毕业生人数	全国重点院校录取人数	全国重点院校升学率
2010	290	161	55.52%
2011	367	209	56.95%
2012	370	202	54.59%
2013	293	178	60.75%
2014	279	199	71.33%
2015	335	262	78.21%

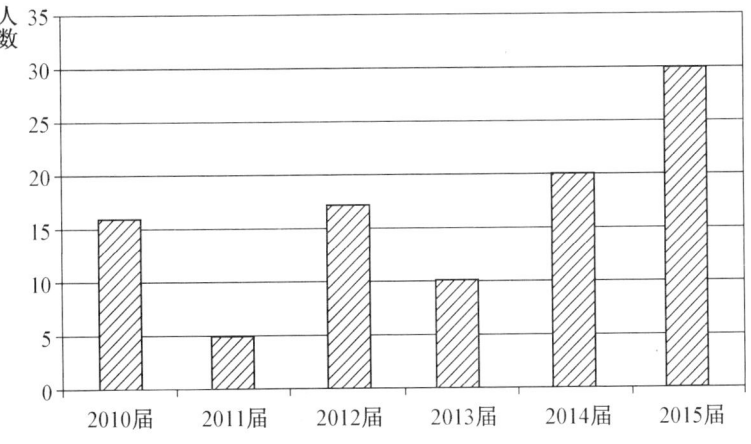

宁海中学2010届以来美术班三大美院录取情况

● 学生获奖

全国中小学书画比赛

在近几年的全国中小学书画比赛中,我校同学取得了骄人的赛绩。学校多次荣获组织工作先进集体奖。

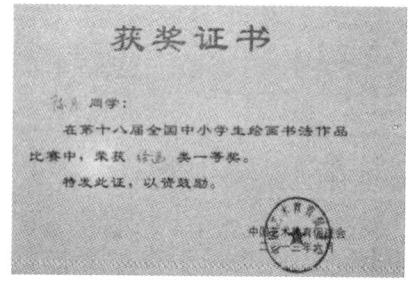
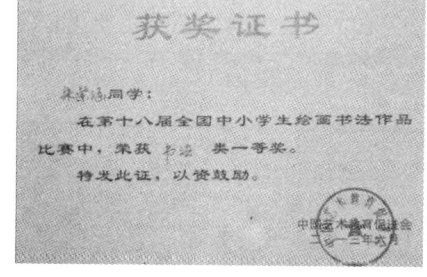
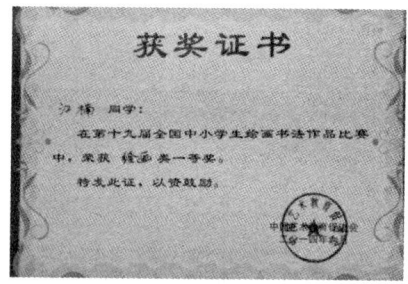
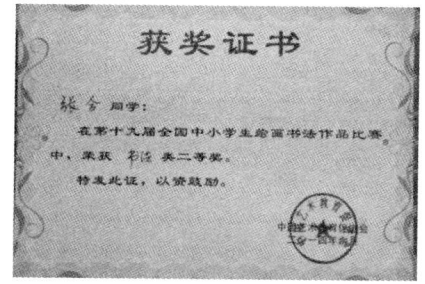
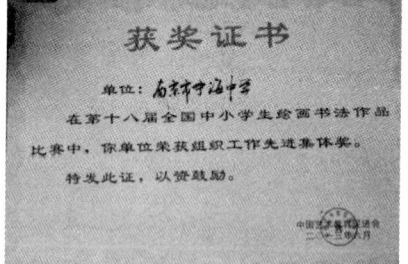
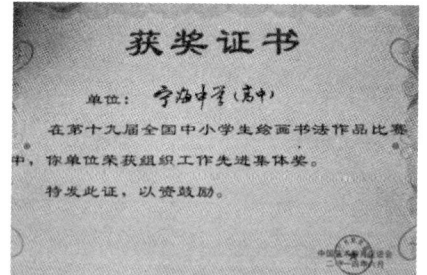

全国中小学书画比赛获奖统计

	一等奖	二等奖	三等奖	备注
十六届	3	12	42	含书法,两个年级参赛
十七届				未参加
十八届	15	9	52	含书法,两个年级参赛
十九届	8	17	25	不含书法,一个年级参赛

国际少儿四格漫画大赛

2014年国际少儿四格漫画大赛中,宁海中学学生有11人获奖,其中特等奖1人,一等奖3人,二等奖2人,三等奖4人,优秀奖1人。朱敏老师获得优秀辅导教师奖。

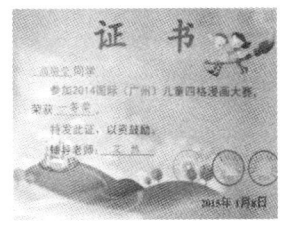 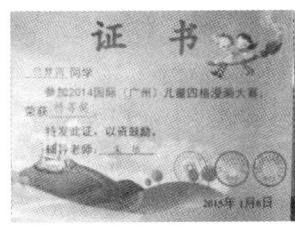 

国际米兰世博会青少年画作征集活动

2015年米兰世博会青少年画作征集活动(全国共150人)中,宁海中学学生1人获得二等奖(二等奖共20人),4人获得优秀奖。

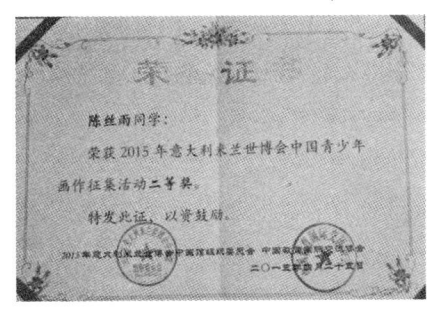 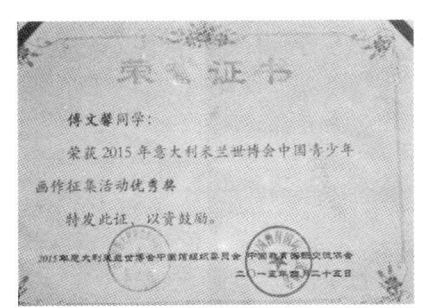

"瞻园杯"书画比赛

2014年南京市教育局、文化局组织的"瞻园杯"书画比赛中,宁海中学学生共有22人获奖,其中一等奖学生共有4人,二等奖4人,三等奖17人。

"瞻园杯"书画比赛获奖统计

等级	获奖名单	人数统计
一等奖	江 楠　徐 静　卢 婕　张书仪	4人
二等奖	李博豪　马瑞泽　朱佳瑜　王 颖	4人
三等奖	黄 雪　蒋若愚　贺棋莲　崔欣欣 许智瑶　顾贝妮　王慧君　王安琪 张雪怡　郑雅元　杨 澍　吴 悠 孙若颖　陈敏媛　陈文轶　周芳竹	16人

○ 感恩母校

宁海学子心中永恒的情愫

带着栀子花的芳香,
带着梧桐树的气息,
带着对母校的深深眷恋,
我走了,
我要从这里出发,走向清华。

带着教室里的书声,
带着运动场的呼喊,
带着对恩师的浓浓谢意,
带着五彩缤纷的梦想,
我走了,
我要从这里出发,起锚远航。

别了,我亲爱的宁海,
我将离开您的怀抱,转向新的学府,继续我的理想。
谢了,我魂牵梦绕的宁海,
我要借着您给我的营养,不断攀登向上,永远为您争光。

回首三年的岁月,微笑与泪水伴我们成长。
回首三年的岁月,热情与进取伴我们同行。
曾记否,炎炎烈日下的军训场上,洒下了我们的汗水。
曾记否,春意盎然的紫藤廊里,记载着无尽的师生情谊。
初入母校,是不可言喻的喜悦。
告别母校,是无限的眷恋与荣光。

仰望蔚蓝的天空,

我回忆的思绪像塞外疾卷而来的风暴,
我联想的激情像大海冲天而起的潮汐,
激荡着我难以言传的缕缕诗情和难以忘怀的片片回忆。

啊!母校,
今天我们将离你而去,
在你的巨人肩膀上走进清华,寻找我们的梦想。
但没什么能取代记忆中的那段青春岁月。
我们曾一路携手并肩,
用汗和泪写下永远,
也曾拿欢笑荣耀换一句誓言。
三年似水,年华流走,
和同学唇枪舌战的日子不会再有,
与老师畅谈理想的时光也已远走。
几个人曾用同样的钥匙,打开同一扇门,
带来的是喜悦,
带走的却是各自心中淡淡的哀愁和淡淡的忧。
既然无法将心中的留恋羽化为永恒,
那就彼此珍重吧!
既然无力将到来的日子幻化成遥远,
那就举杯祝福吧!

希望的船帆已经扬起,
远方的山峰已在回荡。
面对分别请不要过于悲伤,
我们的青春最为张扬。
春华已结成了累累秋实,
我们的青春最为无畏。
历练后我们有了凤凰般的金羽,
放心去飞,勇敢地去追,
追一切我们未完成的梦;

放心去飞,勇敢地挥别,
说好了,这一次不流眼泪。

南风轻轻地吹送,时光总是匆匆。
无论是今天还是明天,无论是海角还是天涯。
但愿你能永远珍藏闪亮的日子。
迎着晨光,我们踏上铺满阳光的道路。
披着彩霞,我们的歌声飘向明媚前方!
啊!母校,
你是生命的摇篮!
啊!母校,
你是人生的基石!
啊!母校,
你是航行的坐标!

三年的欢歌笑语在我们的心中常驻,
三年的酸甜苦辣在我们的心中回味,
三年的意气风发在我们的脸庞绽放。
别了,母校,我们永远铭记您!

树高千尺不忘根。
饮水思源,母校的恩情永驻心田。
让我们感恩母校,感恩老师!
感谢您,我们的老师!
感谢您,我们的母校!

(部分清华学子集体创作)

因为你,我振翅飞翔

亲爱的宁海中学:

如今我可以漫步在清华悠长的古道上,轻嗅新雅的丹桂清香,欣赏荷塘优美的景色。这一切都得益于母校给予我的全面培养、老师对我的谆谆教诲以及同学对我的帮助。

回首宁海时光,真的有太多的感触和不舍。还记得曾经学习的教室里老师认真授课的身影;还记得在宁海学习美术的日子,我用画笔探索未来,用颜料描绘生活;还记得宁海的墙上留着我亲手画的壁画……这一切都让我不能忘怀。

刻在木板上的名字未必不朽,刻在石头上的名字也未必流芳,只有刻在人们心灵上的名字,才能永存。是你们用无私的奉献,谆谆的教诲,给了我振翅飞翔的力量。杨绍玲老师、杜荣健老师、张绍宏老师、陆长根老师、贾奇老师,也许我曾经在你们的课堂上捣乱,也许我曾经惹你们生气,但每次你们都用无限诚挚的爱和宽容的心来包容我;也许你们已经忘记调皮捣蛋的我惹你们生的气、操的心,但我却没有办法忘记你们为我加油鼓励的话语。正是你们用渊博的知识启迪我,以如春天的甘露浇开我的理想之花和懵懂的心灵;正是你们用目光指引我,教会我辨是非,明荣辱;正是你们,用话语安慰我,鼓励我,给了我振翅飞翔的力量。你们就像不灭的火种,点燃学子心中的理想,点燃学子心中的希望;你们就像领航的海燕,引领我到达目的地;你们就像出色的工匠,雕刻的不仅是我充实的知识,更是我方正的人格。谢谢你们,老师,是你们的辛勤耕耘,使我的梦想之花绽放,给了我飞向梦想的力量。

走在清华这充满历史气息的校园里,坐在宽敞的教室中,听知名教授讲课,感受着清华浓浓的学术氛围,我深深感到作为名校学子的幸福。然而此时,心中涌动的是对母校更深的眷念,"勤、诚、勇"的校训始终警醒着我,即使我如愿考上了清华,但我离真正的成功仍差很远;"宁静致远,海纳百川"的校魂,也始终提醒着我,不要为目前取得的成绩沾沾自喜,正如魏征所言:"惧满溢,则思江海下百川。"

"不计辛勤一砚寒,桃熟流丹,李熟枝残,种花容易树人难;幽谷飞香不一般,诗满人间,画满人间,英才济济笑开颜。"这是对宁海老师们最真实的写照,学弟学妹们,希望你们珍惜在宁海这三年的幸福时光,在老师们的带领下振翅飞翔!

(吴川燕)

在宁海学画

从宁海初中到宁海高中,我在母校学到的不仅仅是技能,还有审美的能力。优秀的学习氛围是重要的客观条件,升中学时我毫不犹豫地选择宁海,正是因为我觉得这里有最好的环境,它能激发你进取,激发你创作。美术氛围与文化氛围相结合的环境给予了我们学习的空间与动力,这是我在刚进校的时候就感觉到的。在这里,我学会了欣赏,学会了分析,这是美术生进入宁海获得的能力,更是宁海美术生的优势。

对于学画14年的我来说,绘画已不再是纯粹的痴迷或是负担,而是一种习惯。伴着家人的支持,老师的培育,我学着画着,一直画到现在,并且会一直画下去。儿童画、国画、水彩、素描、水粉、设计,一幅幅作品早已铺满了来时的路,我在记忆里寻觅,是辛苦,是欢笑,是优越,是成熟。粉彩、油画、静物、人像、风景、创作,一次次尝试试图寻找进步的方向,我在历练中体味作画境界的点点提高。这些年,我并不想说我是那样一丝不苟地学下来了,因为当绘画成为一种技能,思维将不再寂寞,它会引导你完成无数的画作,它会带着你达到心中理想的地方,它会给你意想不到的收获。

不要总想着在完成任务,不要总觉得自己在做无用功,不要认为老师的想法与自己的不一样而不听从,也许换个角度前面正是美丽的天空;不要强迫自己完成一幅绘画,不要催促自己一定要进步,不要为了考试压制自己的画风,我们要成为思想自由的人,急于求成并不会得到想要的结果。

学画之人与他人并无差别,只是他们更会观察生活的细节,更能体会万物的美丽,更会选择传达的方式。当我渐渐看见初升的太阳不再只是单一的红色,渐渐认清波洛克的笔触并不是放肆的飞扬,渐渐明白印象派研究的光影感……才发现我已有了学画人的轮廓,已经学会感情的表达。我走在前人走过的路上,总有一天,我的足迹也会被层层覆盖,会有多少人就这样被湮没,但在绘画这条路上我会永不言弃。

绘画并没有过多的捷径可走，只有忠于绘画，忠于研究的人，才能更快了解绘画的真谛。更多的临摹，更多的思考，更多的尝试，才是进步的基础。你需要观察对象加上主观处理，尽可能让你的画面感动别人……要会向别人学习，向老师请教，老师给你的要求越多，你改的越多就进步越多，寻找周围画得好的同学，但不要模仿，仅为了观察而收获自己的判断。

如果你现在是宁海的学画之人，那么请你每刻都别丢下画笔，记录下每一个让你留意的细节，每一个有趣的场景。记住你是宁海人，虽然我进入了理想的大学，但是中学时的学习历程还历历在目，在人才济济的清华园我会穿着校服向大家介绍我是宁海中学的毕业生。别忘了老师教会你的东西，它们能让你避免出现不必要的问题。

今天我以宁海为荣，明天宁海以我为荣！——学弟学妹们：让这句话成为我们每个宁海学画人的追求吧。

（苏晓丹）

菁菁校园　我最深的回忆

高中三年，是褪去稚嫩、磨砺出坚忍成熟之心的三年，是"恰同学少年，风华正茂"的黄金时代，是人生中难以忘怀的一段青春岁月。我的高中三年，是在宁海，在这个菁菁校园，在这个珍藏着我最深的回忆的地方度过的。

由衷地感谢老师们的辛勤付出，在你们的关怀与教育下，我积极认真地去理解感悟每一个美术的文化的知识点。三年下来始终如一的积累帮助我在高考面前从容淡定地走过，迈向我心中梦想的殿堂。

我感谢老师们集几十年之教学经验为我们提供了高效率的学习方法。同时，你们也并非要求我们千篇一律，而是耐心地帮助我们找到最适合自己的学习方法，最大限度地满足我们的个性化学习，让我们真正体验到学习的快乐，自由地驰骋于学习的天地。

我深深地喜欢上了在宁海读书的氛围。校园里浓厚的文化气息，让我不自觉地熏陶在艺术的世界里，培养了我独特的审美观，让我在作画时，灵感如不竭的源泉，笔下的人物也仿佛有了灵动之美。

我相信环境可以塑造人的品格。在宁海的三年里，我踏遍了菁菁校园里的每一条小路,看遍每一片银杏叶悠然从头顶飘落,聆听到每一株花开的声音。我总是不经意地回想起这些场景,触动了那颗年轻的心。我的记忆里有宁海,宁海的记忆里有我,我徜徉其中走过三年,它早已融入我的心田,成为我生命记忆的重要部分,永不能忘!

伴着对宁海的万千的思绪,我衷心预祝学弟学妹们在高考中取得满意的成绩,为母校赢得"江苏一流、全国闻名"的艺术特色学校的声誉!

(施　萌)

我骄傲,我来自宁海!

人是很奇怪的,多少个日日夜夜,梦想着自己的未来,一旦梦想成真,真正烙在心里的还是艰辛备战的岁月!

来到大学已有一个多月的时间,在这段日子里我最大的体会,就是一切的成就与收获都得依靠自己的双手去争取。

不少人头脑里有着这样的观念:到了大学,就再也没有人管我了,可以一觉睡到九十点、可以旷课、可以公然在课堂上玩手机……

这样的想法也不无道理。在公共课上,没有老师会深究你在与不在,点名的时候三四个人同时帮忙喊到的情况时常发生;没有人会在你睡着的时候推你一把,因为他自己或许也早已昏昏欲睡;没有老师会规定上课不许带手机,那样的要求在台下闪着微光的屏幕前显得尤其苍白无力。

在开学的前几天,我也曾经迷茫,但残酷的规则很快打醒了我。在大学,你可以旷课,可以迟到,但是在科目考试中,哪怕是最不重要的军事理论,挂科就得重修,而且留载档案。如果这四年有一门挂科了,那么恭喜,奖学金和保研对你来说只是传说。在这样残酷的制度下,有些人会作弊,作弊被发现的话,那么学生会和部分社团也与你无缘。

在专业课,即我们所学的绘画课上,也同样存在着巨大的压力。就我们学校来说,这届大一年龄最大的是33岁,学造型出身,复读了不知道多少年,我们或许可以鄙视他的不开窍、炫耀自己的青春年少,但注定会被其岁月沉积下来的手上功夫所折服。或许应届上央美是个荣耀的事情,但是在作业展上,18岁的画与33岁的画是挂在一起展出一并评分的,如果不及格,只有在第二年重修,没人会在意你是否年幼。我在这里见到了太多的大神,唯一的办法,就是日夜追赶,用比他们多得多的时间来画出同样的、甚至仍不如他们的效果,这就是现实。

事实上,在大学里画画并非如高中那般单纯耗时间的体力活,它要求的往往更多。

就我们现在所进行的精微素描来说,要把一个十几厘米的小事物画成全开的大画,这需要的不仅仅是素描基础,更需要细致入微的观察,虚实关系的处理和角度的选择,任何一点的失误都可能导致这幅画的不及格。而且,一切只能依靠自己,你必须绞尽脑汁去思索,思索如何让画面既有形式感又有内容感。老师每天在班上的时间不超过二十分钟,而就在这二十分钟时间里,你画了许久的画,他的一句"角度不好,换张纸",就让你"一朝回到解放前"。

但是学弟学妹们也不必太过担心自己的实力,只要在规则之内,大学绝对是个自由的园地,是个会带来无限欢乐的地方。大学里振奋我们的东西很多,也让我感受到作为一个宁海人深深的自豪。比如在英语课上我们需要起立用英文自我介绍,在用千奇百怪的口音报了个姓名之后,有的同学就面红耳赤不知道说什么好。相比之下,三个来自宁海同学的讲话虽然称不上多么精彩,但是口齿利落清晰,内容完备,口音标准,让英语老师也颇感意外。同样地,由于我们三个人都是应届生,并且江苏的学生考上的仅有少数几人,同学相互了解之下,也都对南京宁海产生了些许敬意。

在大学里,你的专业会突飞猛进,产生质的飞跃。更重要的是,在这里你知道自己学的东西将来能学以致用,养家糊口,所以有奋斗的希望。

在高中,我曾经也质疑过应试教育是否有作用。现在来看,每一段努力的日子都是难能可贵的,现在英语课上的流利发言、专业课上能与复读生旗鼓相当的素描基础,还有过去听课时养成的记笔记的好习惯,都在现在的学习中带给我一次又一次的帮助与喜悦。我也会感谢高中发言时的窘态,感谢运动会上的挥汗与窒息,甚至感谢北京学画时38℃高温,一路踉跄一路平凡跌跌撞撞地走过的备考岁月,没有丝毫的传奇色彩,却是作为一个学生应走的成人之路。

很庆幸高中得以遇见生命中最好的也是最敬爱的老师,他们陪伴我度过了或长或短的日子。高考结束了,学习上的东西想不还给他们都难,但是在做人做学问方面,他们是我一世的导师。我们的院长在讲座时说过一句话:"老师和你没有任何血缘关系,但他在帮你父母救你一命。"不管现在的你们是敬爱还是怨恨你们的老师,都请好好珍惜在一起的时光,因为过了这几年,再也没有任何一个老师会牺牲自己这样多的时间跟在你们后面催促你们、鞭策你们。哪怕你们在背后骂他们,他们照样倾其所能来培育你们。这一点,是我来到大学以来再也没有体会到的。

大学里不会再有同窗几载休戚与共,至少我们现在班级意识就很弱,每天你的左右都是不同专业不同的过客。珍惜高中的同学吧,他们会成为你将来一生的挚友。

最重要的是,珍惜每一个当下,珍惜现实学习生活中的点点滴滴,永记脚踏实地,你才能眺望未来放飞梦想!让我们共勉。

亲爱的学弟学妹:明年的九月,我在央美迎接你们的到来!

(王梓瞳)

致宁海

时光荏苒,岁月偷走了很多记忆,有些面目模糊,有些永远消逝,但偷不走的是宁海记忆。我在深夜里打开电脑,重拾起这三年,一幕幕静好饱满,富于深情。

三年前的盛夏,我们心怀五彩的梦想来到宁海这座桃李芳园。金川之滨,梧桐繁茂,绿影斑驳,紫藤似水,银杏烁光……我们因为宁海而相识,因为梦想而相聚。如今,我们已经跨入理想中的殿堂,回首过往,心中感慨万千。

难以忘记三年的高中时光,班主任张老师陪我们一路走过。一千多个日夜,老师放弃照顾家人的时间,像呵护自己的孩子一样精心呵护我们班每一位同学,做同学们的良师益友。教导着我们从一个个懵懂少年成长为即将迈入社会的有志青年;陪伴我们经历人生中最宝贵的青春年华;鼓励我们接受高考这段刻骨铭心的历练;引领着我们收获勇敢,收获坚韧,收获永不言弃,收货这些人生最宝贵的精神财富。

高三冲刺的最关键时刻,美丽可爱的语文李老师总是备课到深夜,总是将欢笑带给压力山大的同学们。从文言文阅读到诗词歌赋赏析,从情节跌宕的小说到论述严谨的议论文再到感情细腻的散文,李老师的课堂充满着幽默诙谐,使得每天的紧张复习充实有效。

数学吴老师的课堂,可以用今年江苏高考的语文作文题来形容,那就是"智慧"。每堂数学课空气中都充满了睿智的元素。在吴老师的悉心指导下,复课后的我们数学成绩不断提升。最令同学们赞叹的还是吴老师高明的解题思路,每次同学们茅塞顿开、豁然开朗的时候,总会觉得吴老师是世界上最有智慧的人。

在高三冲刺的最后关头,我们的英语赵老师守在家人的病床前却心系着我们班,承受着心灵之重。然而赵老师的课堂依旧气氛热烈,听力、词汇、句型、语法、单选、完形、阅读、作文,系统的复习与训练之余,我们唱着赵老师教的"starry starry night"这首英文歌,编织着属于青春的仲夏夜之梦。

在艺考归来后的3个月时间里,是他们,与我们同甘共苦,用高超的教学水平和对我们无微不至的关怀始终坚定地同我们站在一起,成为我们最坚强的后盾。那段对于艺考生来说最艰难的岁月,他们陪伴我们走过。是他们,让我们一时间遗忘的文化知识在短时间内被最高效地填补,几次模考就完成了质的飞跃。

还有那些真正为我们的理想插上翅膀的兢兢业业的美术组老师们:吴老师、郝老师、朱老师、陆老师、徐老师、鲁老师、贾老师、翁老师、钱老师、王老师……从素描到色彩,从头像到静物,老师们的每一次范画、每一笔印记都是对我们的期望,每一抹色彩都是对我们的肯定。他们永远用最严格也同样是最高效的方法训练我们,尽其所能开阔我们的视野,为我们请来清华、北服的老师指导,为我们切身考虑未来的道路。犹记得那一个个熬夜完成速写作业的夜晚,我们一笔一划为自己打下了坚实的基础,在他们的教导和督促之下,才能快乐地用画笔书写自己的人生。至今我们还会经常回味去查济、宏村写生的愉快时光,深深记得省统考和校考时,站在腊月的寒风中,老师们送考的殷切目光……

同样感谢高一、高二所有的老师们,为我们夯实基础,陪我们迎战小高考……老师们用三年的辛勤耕耘,换来了我们向往已久的美院生活,使我们得以漫步于中央美院殿堂般的校园,享受着全国一流高等学府浓浓的艺术氛围。"更到时来心不谨,终身何以报师恩",千言万语无法表达出我们的感激之情。在此,我们向我们敬爱的母校致敬,向老师们致敬!衷心地祝愿我们的母校年年桃李,岁岁芬芳!祝愿老师们工作顺利,幸福安康!

  我们和宁海像是一首平凡却又深刻的歌,我们一起谱写这首歌,和可爱的老师,和更多的人一同唱这支歌,为了在今天歌唱,为了在实现梦想的时刻歌唱。宁海的土地上所有的小树木都举起朝气蓬勃的画笔,涨满绿色的帆。我们像玉兰花,把洁白的心向蓝天打开,我们像船只,把饱满的帆向着海风张开。我们在宁海,不会孤独,繁星似的银杏叶到处闪烁;我们有宁海,不会迷茫,金川河水清澈的声音激励着我们。让我们一块儿走吧,在花瓣匆匆铺成的道路上芬芳地走吧。紫藤萝像影子一样在身后姗姗晃动,一路随着我们,从宁海走来。

  我们会永远记住家的地址——宁海路39号。

(吉子艺、张晗、蒋越、孙若颖、张雨彤)

◉ 社会美誉

　　一所学校的社会美誉度与它的办学特色、办学成绩是密切相关的。办学百余年,积淀了厚重的文化底蕴,立美三十载,彰显了鲜明的美育特色。特别是近几年来,我校以鲜明的办学特色、辉煌的办学业绩赢得了广泛的社会赞誉。目前,学校是江苏省唯一一所美术教育课程基地学校、清华大学美术学院生源基地实验学校、江苏省艺术教育特色学校、江苏省文明单位等。

　　良好的社会声誉,促进了学校的发展,省内外许多学校慕名前来参观交流。

○ 荣誉奖励

● 获　奖

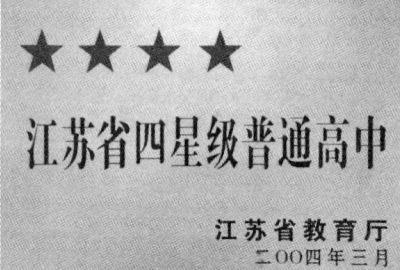

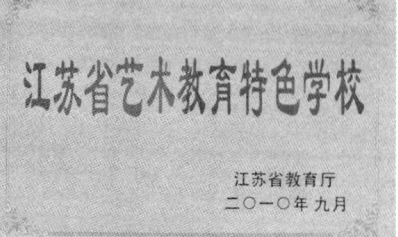

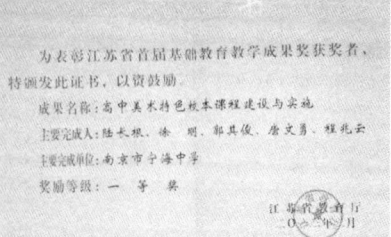

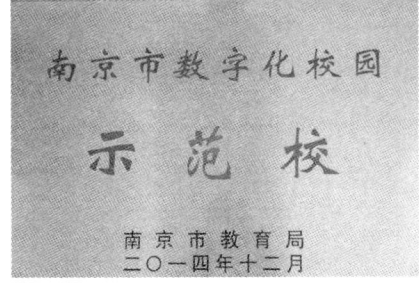

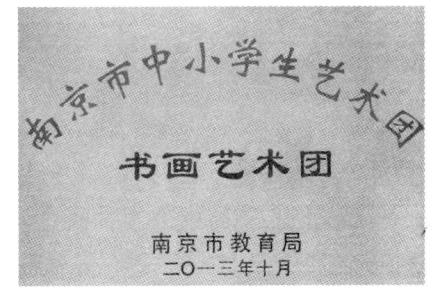

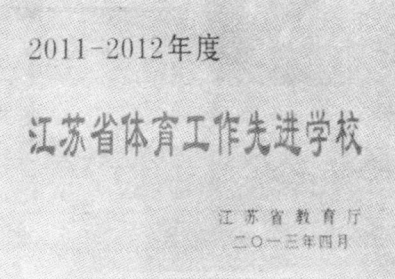

● 生源基地与实践基地

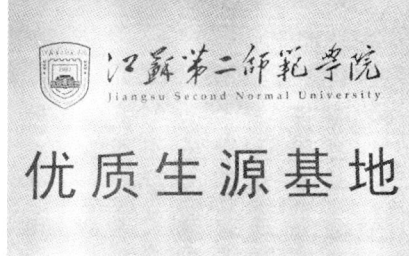

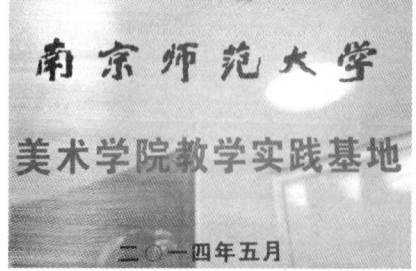

○ 对外辐射

● 手拉手结对

黄文武校长和淮安市范集中学管卫东校长在手拉手结对共建仪式上签字

淮安市范集中学领导、教师参观学校画室

连云港市石榴中学领导、教师参观学校画室

徐明老师为南京市高淳区淳辉中学学生示范速写

● 来校参观

荷兰教师参观学校美术馆

淄博市五中来访,徐明老师为来宾点评学生作品

哈尔滨市三十二中来宾与我校领导、美术教师座谈

贵州省"名校长班"来校交流

上海市立达高级中学来校交流

江阴祝塘高级中学来校交流

○ 媒体宣传

宁海中学：肩负引领中学美术教育的使命
（2013年3月26日《金陵晚报》）

宁海中学："全民美术的盛宴"
（2002年10月2日《金陵瞭望(教育)》）

宁海中学美术馆揭牌暨书画名家进校园活动
(2013年2月27日《江苏新闻网》)

江苏省中国画学会美术教育基地在南京宁海中学挂牌暨名家名作进校园活动
(2015年4月18日《现代快报》)

杨晓阳(左一)参观宁海中学美术馆。

昨日,应江苏省中国画学会邀请,全国政协委员、中国美术家协会副主席、中国国家画院院长杨晓阳的"大美为真——中国画五种境界"讲座在南京宁海中学举行,宁海师生近千人在场聆听。讲座中他重提近20年前提出的"大美术、大美院、大写意"概念,认为现在虽然各大美院已经扩招,全国1100所大学都有二级美术学院,但"规模太了,教学内涵上也该变革,不能守着老一套"。

中国国家画院院长杨晓阳为宁海中学学生开设讲座
(2014年4月15日《扬子晚报》A31)

学画如果只为考试,是学不好的

本报主办的"家长大学堂"上,中国美术家协会理事、省文化厅副厅长高云谈学画

钟婷 吴俊

中国美术家协会理事、江苏省文化厅高云副厅长,和家长、学生交流中。吴俊 摄

由扬子晚报、南京市教育局中小学学习力研训中心、金弘文化发展有限公司、日升教育主办的第28期"家长大学堂"日前在南京举行。本次家长大学堂邀请了当代画坛领军人物、中国美术家协会理事、江苏省文化厅高云副厅长,以"创作才是硬道理"为主题和中学生、家长们交流。

名画家高云走进宁海中学举办艺术讲座(2013年2月23日《南京日报》)
学画如果只为考试,是学不好的(2013年4月11日《扬子晚报》)

油画家邢健健走进宁海中学讲学
冯秋红

1月17日,由南京市教育局、南京市鼓楼区政协、江苏金泓文化发展有限公司主办的"著名油画家邢健健教授走进宁海中学讲学"活动在宁海中学成功举行。

油画家邢健健走进宁海中学讲学
(2014年1月18日《扬子晚报》A23)

6月6日,美国威廉帕特森大学教授、中国艺术中心主任丛志远在南京宁海中学举办艺术讲座,讲座现场座无虚席,近千名师生聚精会神地倾听丛志远教授讲述他40余年在艺术道路上的奋斗历程和感悟,以及怎样把西方艺术与中国传统文化相结合的成功案例,现场还展示了他在美国创作的《千手观音》、《篮球版画》等多幅优秀作品。宁海中学黄文武校长为丛志远教授颁发了聘书,聘请丛志远教授为宁海中学特聘导师。讲座结束后,丛教授为学子们现场签名并赠送了自己的绘画作品集。

丛志远教授,江苏如东县人。美籍华人画家、版画家,现为美国新泽西州威廉帕特森大学版画系主任,终生教授,并设立了首个华人版画工作室。本次活动由南京市教育局、南京市鼓楼区政协主办。冯秋红

美籍华人丛致远教授举办艺术讲座
(2014年5月28日《扬子晚报》A35)

法国插画大师为宁海中学学生"上课"
（2014年5月28日《扬子晚报》A35）

宁海中学举办首届艺术节
（2013年12月20日《扬子晚报》T12-3）

杰出校友音乐家卞留念参加母校第二届艺术节
(2014年12月《扬子晚报》)

健身操比赛现场。王娟摄

扬子晚报讯(通讯员李茜记者王娟)跳动的韵律、变幻的队形、灿烂的笑容……昨天,鼓楼区人口计生局、计生协在宁海中学举行"青春健康与青奥同行工程"启动仪式暨"活力青春喜迎青奥"校园健身操大赛。辖区共14所中学、31所小学近2000名学生参加了健美操比赛,尽情跳动尽展活力。健美操比赛充满了青春飞扬的气息,动感中不失传统特色,令人眼前一亮。

2 000名学生健美操比赛"迎青奥"
(2012年5月24日《扬子晚报》)

文化小屋涌出青春与热情
——第二届南京青年奥林匹克文化节暨国际交流日嘉年华侧记

昨天上午,第二届南京青年奥林匹克文化节开幕式暨2012南京国际交流日嘉年华在玄武湖公园内拉开大幕。

来自全市13所中小学的青少年们搭建起16个国家的文化小屋,通过各种富有个性的展示,让参与嘉年华活动的中外游客大饱眼福。尽管昨天秋雨微凉,但这些小屋里涌出的青春与热情,将"分享青春 共筑未来"这八字展现得淋漓尽致。

宁海中学学生参加第二届南京青奥文化节文化小屋交流活动
(2012年9月10日《南京日报》)

近日,鼓楼区第三届新东方杯"未来之星"英语口语大赛在南艺小剧场开赛,鼓楼区9所初中学校精心组织,均派出代表队参加。

据了解,鼓楼区新东方杯"未来之星"中学生口语大赛今年已经是第三届了。同学们自编自导自演是这次口语比赛的特色。参赛选手、宁海中学初一的李若琳和黄备成两位同学介绍,他们在这次比赛中表演的节目是情景剧《名誉》。剧本改编自《成长的烦恼》,剧本也是由一名高二的同学编写,大家共同修改完成的。为了这次比赛,他们已经练习了一个多星期的时间。

宁海中学成功举办第三届新东方杯英语口语大赛
(2013年5月3日《扬子晚报》)

"嘿，我们来踢球吧！"帕特里克最喜欢的运动就是踢球，在德国，他甚至每天和小伙伴们踢一场球

德国友好学校学生来校交流
(2013年10月20日《现代快报》A12—2)

清澈的蓝天、飘逸的白云、摇曳的椰子树……海绵宝宝、樱木花道、擎天柱、喜羊羊、懒羊羊、鸣人带着各自的运动项目，踏着祥云从全国各地来到新加坡，参加卡通界的青奥会。这是宁海中学美术班的杨洋给本报青奥特刊创作的一幅封面图——今年刚刚考上中央美院的杨洋想为南京青奥做点事，便拿起画笔给本报"Hi青奥"征文、征画活动投了稿，没想到被评委一眼相中，做了本报《青奥特刊》的封面。这幅画将由本报记者带到新加坡，送给青奥组委会。

"歪打正着"做了《青奥特刊》封面

18岁的杨洋今年刚刚考上中央美院的空间设计专业。旅游、和好友们三国杀、去世博会……玩了半个暑假的杨洋闲正在家中休息，忽然看到本报的Hi青奥"征文、征画的活动。"18岁，是人生中挺重要的一个年龄段，我想在这个年龄段做些有意义的事。"想到刚刚得知南京成功申办青奥会后自己那个"兴奋劲"，于是，杨洋便拿起画笔，开始创作他的"青奥图"来。

打了十几个电话，和老师、同学商讨，这个青奥图到底怎么画。杨洋最初的想法，就是画几

南京小画家描绘"卡通青奥"
(2010年8月14日《扬子晚报》)

《南京，我爱你》有了沙画版
未来还将推出微电影

沙画版《南京，我爱你》视频截图。

本报讯（记者 邢虹）《南京，我爱你》在"金陵五月风"第六届南京文学艺术节开幕晚会上唱响之后，迅速在南京市民中流传开来。继独唱版、合唱版之后，这首歌的两部沙画版昨天也正式发布，相关视频在市委宣传部官方微博"南京发布"上发布后，引起强烈反响。据悉，《南京，我爱你》接下来还将以微电影的形式呈现在南京市民面前。

昨天上午10点，由宁海中学高三学生陈乐创作的沙画版《南京，我爱你》视频在微博发布。虽然没几天就要高考了，但陈乐还是挤出时间创作了这部沙画作品，因为"我爱南京"。"巍巍的钟山紫气从东来，浩浩的长江华彩飘玉带，美丽的画舫牵出那灯影的秦淮，一砖一瓦都透着那千年的气派……"伴随着优美的旋律和动人的歌词，一幅幅南京美景随着陈乐指尖拨动的沙子跃然而出，让观众深深感受到作者对家乡的爱。

宁海中学高三女孩陈乐创作沙画版《南京，我爱你》
（2012年5月31日《金陵晚报》）

宁海中学 36 幅学生作品作为"江苏名片·江苏符号"向全国两会献礼
(2014 年 3 月 5 日《扬子晚报》T39~42)

宁海中学学生 11 件艺术作品作为国礼赠送青奥外宾
(2014 年 6 月《扬子晚报》)

第二届亚青会火炬设计者宁海学子吴悠参加亚青火炬传递
(2014年4月24日《扬子晚报》T12)

宁海中学双胞胎姐妹同分考进南艺同一专业
(2015年8月12日《现代快报》)

后 记

拿到出版社送来的《厚文养正　以美立教——南京市宁海中学美术特色校本课程研究》的清样稿,思绪万千,感慨良多。今年9月中旬至10月底,连续6周加班收集、整理和完善材料,其间经历多番论证,数易其稿,今天这部编著终于可以面世了。

今年8月底暑期教师培训会期间,在南京师范大学博士生导师李星云教授的指导下,宁海中学各部门初步达成共识。作为全国鲜见的普特并重的百年名校,新时期宁海人有必要在前辈所创业绩的基础上,更加有所作为,有所成就:一是做勇于担当的宁海人,自加压力把宁海中学近30年的美术教育历程认真梳理一下,为如何正确把握艺术教育走向及如何培养素质全面的创新人才提供参考;二是做敢于挑战的宁海人,把近几年学校美术办学成绩与经验作总结与反思,结合近三届美术教育研讨会主题,进一步统一思想,明确方向,提炼经验,丰富内涵,提升品质,为同类兄弟学校提供借鉴;三是做乐于奋进的宁海人,超前思考,提前谋划,藉此作为2016年宁海中学美术教育30周年回顾和清华大学生源基地学校2016年年会活动的献礼。

《厚文养正　以美立教——南京市宁海中学美术特色校本课程研究》一书融宁海中学美术办学成果于一炉,既有理论方面的思考,也有实践层面的探索。我们力图结合宁海中学美术教育的历史、经验、成效的总结和思考,促进美术特色课程在其他学科领域的渗透以及探索特色课程管理的创新举措,逐步形成以成果为主要依据的课程评价体系,从而实现美术特色品牌的再提升。

衷心感谢宁海中学历届领导、老师、校友,是他们奠定了宁海中学发展的坚实基础、积累了宁海中学深厚的文化。

衷心感谢李星云教授、江苏第二师范学院刘守旗博士以及泰州学院张英花副教授,感谢他们为保证本书的顺利付梓所奉献的智慧与宝贵的时间。

衷心感谢《美术教育》原主编陈通顺先生和老校长丁善良先生为本书作序。衷心感谢我的前任郭其俊校长对课题所做的贡献与关心呵护。感谢包括美术组教师在内的诸多学科教师为本书提供的文章、图片等。感谢艺教处、教师发展中心、办公室等部门的鼎力支持。

因时间、能力等多种因素,本书仍有诸多不足以及疏漏之处,敬请批评指正。

黄文武

2015 年 11 月